Mis DE ROUX

LA RÉPUBLIQUE DE BISMARCK

LES ORIGINES ALLEMANDES DE LA TROISIÈME RÉPUBLIQUE
LES INSTRUCTIONS AU COMTE D'ARNIM
LES MENACES ALLEMANDES AU SEIZE MAI CONCERTÉES
AVEC LE PARTI RÉPUBLICAIN
GAMBETTA CHEZ LA PAÏVA — LA COMÉDIE DE LA REVANCHE

CORRESPONDANCE SECRÈTE DE GAMBETTA
ET DE BISMARCK

TRADUITE PAR M. JACQUES BAINVILLE

NOUVELLE ÉDITION REVUE ET CORRIGÉE
2-3e mille

NOUVELLE
LIBRAIRIE NATIONALE

LA

NOUVELLE LIBRAIRIE NATIONALE

11, RUE DE MÉDICIS, PARIS

a publié

Sur la politique étrangère, et particulièrement sur les relations de la France et de l'Empire allemand, deux ouvrages capitaux :

KIEL ET TANGER

OU

La Troisième République devant l'Europe

PAR

CHARLES MAURRAS

Ouvrage dont la nouvelle édition, augmentée d'une préface et d'appendices, forme un volume de XXVIII-432 pages in-16, vendu. . 3 50

L'AVANT-GUERRE

ÉTUDES SUR L'ESPIONNAGE JUIF-ALLEMAND EN FRANCE DEPUIS L'AFFAIRE DREYFUS

PAR

LÉON DAUDET

Ouvrage véritablement prophétique qui forme un volume in-16 de XVI-312 pages, (28e mille) vendu. 3 50

C'est également la NOUVELLE LIBRAIRIE NATIONALE qui a publié le magistral ouvrage du

R. P. GUÉRIN SONGEON

HISTOIRE DE LA BULGARIE

DES ORIGINES JUSQU'A NOS JOURS

Seul ouvrage de ce genre publié en France, indispensable à tous ceux qui veulent comprendre les nouveaux aspects des questions balkaniques.

L'Histoire de la Bulgarie forme un beau volume in-16 double colombier, de XVI-480 pages, vendu. . . . . 5 »

La librairie envoie son catalogue franco à toute personne qui en fait la demande

---

Poitiers — Société française d'Imprimerie.

LA RÉPUBLIQUE DE BISMARCK

DU MÊME AUTEUR

A LA MÊME LIBRAIRIE

La Révolution à Poitiers et dans la Vienne, ouvrage orné de six portraits. Un volume grand in-8° de 580 pages 7 50

La législation civile et sociale de l'Empire. Une brochure in-8° de 32 pages . . . . o 50

Le Droit royal historique. Une brochure in-18 de 32 pages . . . . o 30

Mis DE ROUX

LA RÉPUBLIQUE DE BISMARCK

LES ORIGINES ALLEMANDES DE LA TROISIÈME RÉPUBLIQUE
LES INSTRUCTIONS AU COMTE D'ARNIM
LES MENACES ALLEMANDES AU SEIZE MAI CONCERTÉES AVEC LE PARTI RÉPUBLICAIN
GAMBETTA CHEZ LA PAÏVA — LA COMÉDIE DE LA REVANCHE

CORRESPONDANCE SECRÈTE DE GAMBETTA ET DE BISMARCK

TRADUITE PAR M. JACQUES BAINVILLE

NOUVELLE ÉDITION REVUE ET CORRIGÉE

2e-3e mille

NOUVELLE
LIBRAIRIE NATIONALE
11, RUE DE MÉDICIS, 11
PARIS

1915

INTRODUCTION

On trouvera ici une conférence vieille de tantôt huit ans, car elle fut prononcée le 15 juin 1905, publiée dans le numéro du 1er juillet de la Revue d'Action française *et aussitôt éditée par la* Gazette de France *en brochure de propagande avec les précieux documents traduits par M. Jacques Bainville. Cette brochure étant épuisée, on en réimprime le texte sans y rien changer, non par amour-propre d'auteur ni par illusion de croire que l'étude de 1905 soit au courant des documents historiques et des vérifications politiques de 1913.*

On trouvera soit en notes, soit en complément, et distingué par une astérisque, ce que les publications ou les événements de ces huit années nous ont appris de neuf sur ce grave sujet ; il nous a semblé qu'à reproduire sans modification aucune, quoique avec ces additions, le texte primitif de ce travail, nous rendrions plus tangibles deux vérités de grand prix :

1° Tous les documents mis au jour depuis 1905 confirment la part prise par Bismarck dans l'établissement de la République et l'installation au pouvoir du parti républicain.

2° Tout l'ensemble de la politique extérieure depuis 1905, comme avant cette date, prouve combien le chancelier avait vu juste en souhaitant la République à la France comme une cause d'infériorité pour nous et une garantie de la prépondérance qu'il avait conquise à l'Allemagne.

I

Après qu'il eut brisé d'Arnim, Bismarck trouva dans le successeur qu'il lui fit donner à Paris le serviteur le plus intelligent de sa politique. Le prince Clovis de Hohenlohe-Schillingfurst, médiatisé jaloux en politique, et en religion, moderniste avant la lettre, avait été le chef du parti anticlérical et unitaire en Bavière. Il mit à avancer en France les affaires de la République et de l'anticléricalisme le zèle d'un patriote pangermaniste et l'âpreté d'un théologien vieux-catholique. Son Journal, *publié par les soins de son fils*[1], *et dont les précisions indiscrètes firent scandale en Allemagne, livre dans ses notes prises au jour le jour mille preuves des vœux invariables que Bismarck formait pour le régime le plus capable de nous affaiblir et des facilités que le représentant de l'Allemagne eut pour favoriser cet avènement. L'essentiel de ce témoi-*

1. Traduction française, sous le titre *Mémoires* du Prince Clovis de Hohenlohe, trad. de Paul Budry, 3 vol. in-8°, Paris, L. Conard, 1909.

gnage a déjà été analysé par M. Bainville dans son beau livre : Bismarck et la France, *que la présente brochure ne saurait remplacer et voudrait faire relire.*

Les Souvenirs *de M. de Gontaut-Biron*[1] *ont confirmé le témoignage du duc de Broglie sur l'effet produit à Berlin par les différents mouvements de la politique française : les divergences de détail qu'on s'est plu à relever entre eux rendent plus frappant cet accord sur le seul point qui nous importe ici. M. de Gontaut-Biron met même en plus vive lumière la faveur accordée par Bismarck à la République modérée, au gouvernement de Thiers : un grand personnage de Sorbonne qui n'en est pas moins un étourdi, M. Émile Bourgeois, a prétendu*[2] *que le duc de Broglie avait méchamment dissimulé cette faveur de Thiers à Berlin pour lui en dérober l'honneur. L'honneur était mince, car Bismarck ne mesurait sa faveur aux hommes d'État français que d'après l'intérêt allemand, et sauf en ce qui concerne le paiement de la rançon de guerre, où ce qui augmentait la solvabilité du débiteur tournait à l'avantage du créancier, il est clair que ces intérêts étaient antagonistes.*

1. M. de Gontaut-Biron, *Mon ambassade en Allemagne (1872-1873)*, avec avant-propos et notice de M. André Dreux, Paris, Plon, in-8°, 1906. — A. Dreux, *Dernières années de l'ambassade en Allemagne de M. de Gontaut-Biron (1874-1877)*, Paris, Plon, in-8°, 1907.

2. *Comment M. de Broglie écrivait l'histoire*, Revue historique, 1906, p. 300.

De Gambetta on n'avait en 1905 que les discours, édités par M. Joseph Reinach. La publication de sa correspondance, si fragmentaire qu'elle soit encore, permet de saisir une pensée sensiblement différente de celle que proclament ses œuvres oratoires. Les lettres de Gambetta à sa famille, publiées par Gheusi[1]*, intéressent surtout sa formation psychologique et l'histoire de ses débuts. Celles qu'il adressa à sa maîtresse, Mme Léonie Léon*[2]*, au milieu d'épanchements intimes, renferment des confidences politiques du plus haut prix. Enfin certaines lettres à Mme Adam, insérées par celle-ci dans ses* Souvenirs[3], *ont cette abondance de projets et cette précision de détails qu'on ne trouve guère d'ordinaire que dans ces documents apprêtés qu'on appelait jadis des testaments politiques. Et ce sont des lettres familières et confidentielles. Avec ces textes, avec les* Souvenirs *de Mme Adam, si étroitement mêlée par son mari et par elle-même à toute la politique de Gambetta, nous pouvons fixer à peu près sans chance d'erreur la véritable portée de l'alliance entre Bismarck et le parti républicain.*

1. *Gambetta par Gambetta*, lettres intimes et souvenirs de famille, publiés par P.-B. Gheusi. Paris, Ollendorff, 1909, in-18.

2. Publiées par la *Revue de Paris*, 1906, sans nom de destinataire ; reproduites et commentées par Francis Laur : *Le cœur de Gambetta*, Paris, in-16, 1907, H. Le Soudier.

3. Notamment dans les tomes VI : *Nos amitiés politiques avant l'abandon de la Revanche (1873-1879)*, et VII : *Après l'abandon de la Revanche (1877-1880)*, Paris, A. Lemerre, 1909 sqq.

II

Les événements qui se sont déroulés depuis 1905, il n'est pas besoin de les rappeler ici. Cette étude fut publiée pour la première fois au moment même de l'alerte de Tanger, au lendemain de ce que M. Clemenceau a pu appeler « l'humiliation sans précédent ».

Que le sentiment national se soit réveillé depuis, sous l'affront et la menace ; que l'habitude du chantage prussien ait rendu dans quelques circonstances, comme lors de l'incident de Casablanca, notre diplomatie moins rapide à y céder ; que le renouvellement de pareilles alertes ait déterminé des mesures partielles de réfection militaire, les Français s'en sont réjouis. Mais ces résultats de détail n'ont point été tels que le prince de Bismarck, s'il vivait, pût avoir quelques doutes sur l'excellence de ses calculs.

L'alliance russe n'avait point démenti son pronostic sur l'incapacité de la République à contracter des alliances, car il parlait d'alliances offensives susceptibles de remettre en question le traité de Francfort, et nos accords avec le tsar n'ont tendu qu'aux emprunts et à la paix, c'est-à-dire à la garantie même du statu quo.

Tout pareillement, ce que les républicains patriotes ont salué comme un relèvement de la France n'a en rien déjoué le profond calcul de notre grand ennemi. Le ministère national a dû commencer par signer le dépècement du Congo ; Bismarck n'aurait même pas espéré tant, car ce Maroc, que l'Allemagne nous a fait payer au prix de terres déjà françaises, oublie-t-on qu'en 1880, au moment où il voulait nous entraîner dans les diversions coloniales, le prince de Bismarck nous offrait le droit de le prendre pour rien, pour le seul plaisir d'immobiliser des effectifs qui ne pouvaient être à la fois dans l'Atlas et sur la frontière de l'Est[1]*, pour rien, c'est-à-dire au prix où il convient sans doute d'offrir ce qui n'est pas à soi? Que toute la campagne de relèvement et de réfection partielle qui va de Tanger à Agadir n'ait relevé que le moral de la France et ait abouti en fait à une cession de territoire, quel enseignement et quelle vérification !*

C'est dans ses bons efforts mieux encore que dans ses pures trahisons que la République avoue son impuissance et justifie le choix de son parrain. Ordinairement incomplets et discontinus, ces efforts ont surtout le caractère commun d'être tous tardifs et provoqués. La République n'a pas la spontanéité des mouvements les plus nécessaires ; elle laisse forcément l'avance à l'ennemi en toutes choses, comme le général Langlois le constatait à propos de mobilisation. On propose à l'heure actuelle le relèvement des charges militaires. Personne ne doutera que si l'empereur Guillaume n'avait

1. Hohenlohe, II, 51 : « Il [Bismarck] exprima l'opinion que nous ne pouvions que nous réjouir, si la France s'adjugeait le Maroc. Elle aurait beaucoup à faire de ce côté, et nous pouvions lui concéder cette extension de son territoire en Afrique, à titre de compensation pour l'Alsace-Lorraine. »

le premier réclamé de son peuple de plus lourds sacrifices, la nécessité la plus évidente n'aurait pas obtenu cette initiative de nos gouvernants.

Quel retard et quelle difficulté, d'ailleurs, le régime de la discussion parlementaire et le gouvernement des partis apportent à toute mesure de salut public, même acceptée par l'opinion, c'est ce que chacun peut toucher du doigt.

Un patriote français ne peut, au cours de ce débat, que faire le double vœu qui s'imposerait à son âme, s'il voyait un soldat défendre sa cause avec un fusil démodé ou un tronçon d'épée :

Puisse la vertu de notre race, le courage de notre sang, quelques faveurs de la Providence, réparer dans le présent combat l'inégalité de l'armement.

Puisse surtout, car la lutte n'est pas d'un jour, cette réflexion nous venir que c'est trahir la patrie que d'accepter comme arme pour la défendre ou comme constitution pour la régir, le matériel de guerre ou la forme de gouvernement que l'ennemi avoue nous avoir conseillé d'adopter.

Avril 1913.

*
* *

On nous permettra de reproduire une confirmation inattendue et une vérification précieuse : l'article de

M. Marcel Sembat dans la Revue de l'Enseignement primaire et primaire supérieur *du 25 mars 1913 :*

Il faut opter ! Oui ou non, voulons-nous poursuivre ou abandonner le projet d'une revanche ? Tout est là ! et selon qu'on répond à cette question par l'affirmative ou la négative, toute notre vie nationale doit se développer différemment.

Il y a des Français qui ne peuvent pas se résigner à accepter le traité de Francfort. Je crois, pour ma part, qu'ils sont en fort petit nombre. Mais je les félicite au moins de savoir ce qu'ils veulent, d'avoir pris leur parti, et d'y conformer leur conduite. Les seuls Français de ce genre qui me paraissent parfaitement et rigoureusement logiques sont les royalistes de l'*Action française*, les camelots du roi, les disciples de Charles Maurras et de Léon Daudet. Je l'ai dit ici, à une époque où ce n'était guère de mode de parler d'eux dans la presse républicaine : je le répète aujourd'hui, puisque la France se trouve acculée, par les événements, à la nécessité de choisir. Oui ! ces messieurs sont en possession d'un système clair, cohérent ; et si l'on entend préparer et poursuivre la revanche, c'est jusqu'à eux qu'il faut aller, c'est avec eux qu'il faut marcher. Si l'on est nationaliste, la logique exige qu'on soit nationaliste intégral.

Je ne suis pas nationaliste. C'est pourquoi je ne les suivrai pas. Je suis d'avis qu'en acceptant la République, après la guerre de 1870, la France a opté. Elle a opté ! elle a choisi ! puisqu'elle préférait un régime de liberté ; elle préférait par là même l'action intérieure à l'action extérieure. Elle préférait poursuivre à l'intérieur le développement d'institutions démocratiques, la pratique de la liberté, la recherche de la justice économique. Elle sacrifiait à cet idéal l'idéal opposé d'expansion au dehors, de conquête, de revanche.

Oh ! je n'ignore pas qu'on ne s'en est pas clairement rendu compte. La France aime, je l'ai dit plus haut, à courir tous les lièvres à la fois. Les républicains ont préparé, pendant de longues années, la revanche ! et ils n'ont pas cru qu'il y eût contradiction entre leur ferveur républicaine et leur désir de reprendre l'Alsace et la Lorraine.

Il y avait cependant contradiction. Si la France entendait, au lendemain de la guerre, ou si elle entend aujourd'hui attaquer l'Allemagne, la vaincre, détruire l'unité allemande, reconquérir l'Alsace, la Lorraine, la rive gauche du Rhin, ce n'est pas trop pour une telle œuvre de son énergie entière. Elle doit renoncer, au moins pour un temps, aux luttes intérieures des partis, renoncer à la liberté, renoncer aux institutions républicaines qui organisent cette vie de lutte et de liberté. Elle doit se donner un chef, un souverain, un roi, qui, dès le temps de paix, soit déjà le chef de guerre. La paix n'est plus pour elle, dans cette hypothèse, qu'une veillée d'armes.

Je demande aux Français qui demeurent républicains et qui continuent à préférer la poursuite de la liberté et de la justice à la préparation de la revanche, je leur demande d'être aussi conséquents et aussi logiques que le sont les royalistes d'*Action française*.

LA RÉPUBLIQUE DE BISMARCK

Au Congrès d'Amsterdam, Bebel, fatigué d'entendre Jaurès subordonner l'intérêt du prolétariat à la fortune de la République, finit par lui crier que sa République, il la devait à Bismarck.

Je voudrais examiner ce que cette formule contient de vérité ; l'examiner avec d'autant plus de soin que la question est plus actuelle, car c'est quand on veut demander aux faits des enseignements pratiques qu'il convient d'en déterminer le caractère exact avec le plus de scrupules.

Des documents officiels permettent déjà de donner une réponse certaine à cette question.

Pour la première période, 1871-1875, nous avons la correspondance diplomatique échangée entre le prince de Bismarck et son ambassadeur à Paris, le Comte d'Arnim[1]. Celui-ci, disgracié et menacé par le chancelier, avait gardé pour s'en faire une arme

1. *Le Procès d'Arnim*, recueil complet des documents politiques et autres pièces produites à l'audience publique, traduites de l'allemand, annotées et mises en ordre par E. Figurey et D. Corbier, in-8°, Paris, Plon-Nourrit, éd., 1875.

contre lui les papiers de l'ambassade. Bismarck le fit condamner de ce chef à l'emprisonnement, et pour démontrer qu'il ne craignait pas ses révélations, il prit les devants et publia lui-même les documents dont Arnim le menaçait. Dès 1875, ils étaient traduits en français.

Le duc de Broglie a, d'autre part, fait connaître dans *la Mission de M. de Gontaut-Biron à Berlin* l'essentiel des dépêches adressées à notre gouvernement par l'ambassadeur de France sur les dispositions du chancelier.

Pour la seconde période, où s'exerça l'action du prince de Bismarck, celle du 16 mai et de ses suites, nous avons le témoignage de Crispi dans la *Nuova Antologia* du 16 mai 1899, et la correspondance échangée entre Gambetta, Henckel de Donnersmarck, le chancelier et son fils Herbert, publiée en 1900 chez l'éditeur Cotta [1].

I

Au lendemain de la guerre, le parti républicain affectait d'être le plus patriote, le plus chauvin de tous.

Il revenait de loin ; l'humanitarisme avait été sous l'Empire une de ses idées fondamentales ; l'antimili-

1. *Anhang zu den Gedanken und Erinnerungen von Otto Fürst von Bismarck.* Bd. II, *aus Bismarcks Briefwechsel*, in-8°, Stuttgart et Berlin, 1901.

tarisme, un des articles essentiels de son programme ; l'unité allemande, un de ses vœux les plus chers.

Le programme de Belleville comportait comme 17e article :

« La suppression des armées permanentes, cause de ruine pour les finances et les affaires de la nation, source de haine et de défiance entre les peuples. »

Et Jules Simon disait au Corps législatif :

« S'il n'y a pas d'armée sans esprit militaire, je demande que nous ayons une armée qui n'en soit pas une. »

Les sympathies allemandes du parti républicain étaient restées aussi vives qu'en 1848, quand Ledru-Rollin disait :

« L'unité de l'Allemagne, c'est la démocratie de l'Allemagne, et qui dit démocratie dit sympathie acquise à la France. »

En pleine guerre, George Sand écrivait encore :

« Ce qui m'afflige *autant que nos malheurs*, c'est le rôle d'une nation protestante, civilisée, philosophe, telle que la Prusse [1]. »

Autant que nos malheurs ! Ainsi, dans un drame de famille, on ne plaint pas moins le coupable que la victime.

Mais les républicains s'étaient aperçus que cette nation civilisée, protestante et philosophe, était, à vrai

1. Documents cités par Georges Goyau dans *l'Humanitarisme et l'Idée de Patrie*, Perrin et Cie, éditeurs.

dire, une monarchie militaire et féodale. Au patriotisme instinctif réveillé par la catastrophe chez les plus fanfarons d'humanitarisme, se joignait l'humiliation de voir les armées républicaines écrasées par les forces que commandaient des généraux héréditaires.

Ceux qui voulaient bien aimer la France, *mais* la France de la Révolution, les patriotes sous condition, ceux qu'avaient médiocrement affligés les désastres de l'Empire, pouvaient sans scrupule de conscience s'abandonner à l'instinct national, et souhaiter dans la victoire de la France le triomphe d'une République contre l'Allemagne *gothique*.

Ainsi, comme en 1792, les circonstances paraissaient identifier l'intérêt révolutionnaire et l'intérêt français; les humanitaristes de la veille étaient amenés à faire figure de patriotes exaltés.

Les hommes de l'Internationale furent au premier rang parmi les outranciers de la guerre, et la logique d'aucun sectaire ne détruisit l'unanimité du sentiment national. En fait, aux élections de février 1871, ce fut le parti républicain avancé qui se prononça pour la continuation de la guerre, et les députés d'extrême gauche seuls, avec quelques officiers et les représentants des provinces sacrifiées, votèrent contre les préliminaires de la paix.

La Revanche n'était réclamée par personne plus bruyamment que par les radicaux, et l'espoir semblait s'en incarner dans l'ancien élu de Belleville, le dictateur de Tours, Léon Gambetta.

En 1872, au moment où la question de Monarchie et de République commence à être agitée, Bismarck semble encore voir dans le parti républicain radical l'élément le plus hostile à l'Allemagne, et repousser par-dessus tout l'avènement au pouvoir de Gambetta.

Au 24 mai 1873, quand Mac-Mahon succède à Thiers, il exige le renouvellement de lettres de créance des ambassadeurs, et la raison qu'il en donne, c'est qu'il veut se réserver la faculté de ne pas reconnaître tel chef d'État éventuel et de donner l'exclusion à Gambetta, dont il prend au sérieux l'attitude belliqueuse [1]. Or, à cette même date, tout ennemi qu'il croit le parti républicain, c'est pour la République que sont ses vœux : il la souhaite à la France, non par sympathie pour les hommes dont sa constitution amènera le triomphe, mais pour ses vices intrinsèques qui paralyseront le pays vaincu et assureront aussi efficacement qu'une garnison allemande en permanence à Paris le maintien du traité de Francfort.

On peut souhaiter sans injure un gouvernement déterminé à un pays voisin, si l'on croit ce gouvernement plus enclin à entrer dans ses vues. Ici, rien de semblable : Bismarck souhaite la République à la France comme un fléau à un ennemi.

Le motif qu'il donne pour calmer les inquiétudes de ceux qui redoutent la contagion de l'exemple répu-

1. Duc de Broglie, *op. cit.*, pp. 110-140*. Cf. sur cette question tout le chapitre des *Souvenirs* de Gontaut-Biron, pp. 346-374.

blicain n'est pas plus honorable pour le régime. A ceux qui disent, et l'empereur Guillaume les aurait écoutés volontiers : « Prenez garde, la République, ça s'attrape », il répond, à la lettre : « Non, c'est trop laid ! » Il attend, de l'expérience du régime électif, à la fois l'abaissement de la France et l'édification de l'Allemagne, et il s'assure si bien que ces calculs ne seront pas déjoués, qu'après avoir marqué quelque sympathie pour une restauration bonapartiste quand il ne croit pas encore la République possible [1], il donne à son ambassadeur les instructions

1. Dépêche du 12 mai 1872, Figurey et Corbier, *op. cit.*, p. 46.

* L'Empire, qui avait laissé faire l'unité allemande, partagea toujours avec la République les sympathies de Bismarck. Toute la Maison de France, sans distinction de branche, lui inspirait une crainte égale.

« On sait, disait-il à Busch, que les princes de la Maison d'Orléans, lorsqu'ils ont offert de prendre part à la guerre contre nous, ont reçu de Trochu une réponse négative. Aujourd'hui, l'*Indépendance belge* nous apprend que le duc d'Alençon, qui à cette époque avait été empêché par une maladie de se joindre à la démarche faite par ses oncles et ses cousins, voudrait chercher maintenant son salut dans la même voie et ajoute ces paroles significatives : « On sait que le duc d'Alençon a épousé une sœur de l'impératrice d'Autriche. » Nous comprenons l'insinuation, et nous croyons y répondre dans le sens de la politique allemande en y opposant ceci : les d'Orléans nous sont tout aussi hostiles que les autres dynasties qui aspirent à la couronne de France. Nous n'oublierons jamais le beau panégyrique que le prince de Joinville a fait après la bataille de Wœrth en l'honneur des assassins francs-tireurs. Le seul gouvernement en France qui puisse nous être agréable, c'est celui qui peut le moins nous nuire, les plus formelles de favoriser l'établissement de la République en France. Une première fois, le 23 novembre 1872, il lui fait écrire par le conseiller intime de Balan :

parce qu'il aura le plus à s'occuper de lui-même et de la tâche de se maintenir contre ses adversaires. »

Pendant la guerre, Bismarck avait continué après le 4 Septembre à négocier avec la dynastie impériale. (Cf. appendice II.)

En 1874, il était toujours dans les mêmes dispositions :

« Pour ce qui est de la France, prétend Bismarck, note Hohenlohe (II, 297), le 2 mai, nous avons tout intérêt à ce qu'elle ne devienne ni assez puissante à l'intérieur ni assez respectée à l'étranger pour se gagner des alliés. La République en proie aux troubles intérieurs, c'est la paix garantie. Une République forte serait, il le reconnaissait, un dangereux exemple à tous les points de vue pour l'Europe monarchique. Toutefois il croit avoir compris qu'il trouve la République moins dangereuse que la monarchie, qui favorise toute espèce de complications à l'étranger. Nous n'aurions rien à gagner à voir les Orléans remonter sur le trône. D'ailleurs Chambord n'est pas à craindre, car il n'a aucune envie de s'exposer aux désagréments de régner. [*Une vraie haine ne manque pas l'occasion d'une calomnie.*] De tous ces prétendants au trône de France, ceux qui nous convenaient le mieux étaient encore les Bonaparte. »

Le roi Guillaume, dont Bismarck ne calmait pas toujours les inquiétudes au sujet d'une République contagieuse, était pleinement d'accord avec son ministre quand il s'agissait de l'Empire :

« Pour notre compte, disait-il quelques jours après, nous ne pouvons qu'applaudir de voir un Bonaparte reprendre le gouvernail. » (II, 269.)

Et Bismarck, qui savait à l'occasion se placer au point de vue français, répétait en 1879 :

« Ça m'amuserait de voir le prince Napoléon rentrer en scène. Comme Français, je n'y tiendrais pas ; mais comme voisin, je m'en accommoderais. » *Loc. cit.*, III, 24.

Une France constituée monarchiquement nous offrirait des dangers plus grands que ceux que Votre Excellence voit dans l'influence contagieuse des institutions républicaines. Le spectacle que ces institutions nous donnent semble plutôt fait pour inspirer l'horreur [1].

Le 20 décembre, il écrivait même qu'une restauration monarchique provoquerait certainement une intervention des autres cabinets pour obtenir l'adoucissement des conditions d'évacuation et de paiement d'indemnité. Cet avantage immédiat ne serait pas le seul que la Restauration assurerait à la France contre l'Allemagne.

... Nous n'avons certainement pas pour devoir de rendre la France puissante en consolidant sa situation intérieure et en y établissant une monarchie en règle, ni de rendre ce pays capable de conclure des alliances avec les puissances qui ont jusqu'à présent avec nous des relations d'amitié. L'inimitié de la France nous oblige à désirer qu'elle reste faible, et nous agissons d'une manière très désintéressée en ne nous opposant pas avec résolution et par la force à l'établissement d'institutions monarchiques solides, tant que le traité de paix de Francfort n'aura pas été complètement exécuté. Mais si notre politique extérieure contribuait sciemment à renforcer par l'*union intérieure* l'ennemi du côté duquel nous devons redouter la prochaine guerre et à le rendre capable de conclure des alliances en lui fournissant une monarchie, on ne saurait cacher trop soigneusement les actes accomplis dans ce sens ; car ils causeraient dans toute l'Allemagne un mécontentement juste et véhément, et exposeraient peut-être à des poursuites de la part de la justice criminelle le ministre respon-

1. *Op. cit.*, p. 67.

sable qui aurait suivi une politique si hostile au pays. Ces considérations se rattachent à une autre erreur déjà signalée qui conduit Votre Excellence à des déductions politiques inexactes. Votre Excellence croit et a dit de vive voix à Sa Majesté que le maintien des institutions républicaines en France est dangereux pour les institutions monarchiques de l'Allemagne. Je suppose que Votre Excellence n'aurait pas éprouvé cette crainte si les affaires extérieures n'avaient occupé toute son attention pendant ces dernières années et qu'un plus long séjour en Allemagne et au centre de l'administration allemande l'eût mise en état d'acquérir une idée exacte de la situation...

Je suis persuadé qu'aucun Français ne songerait jamais à nous aider à reconquérir les bienfaits d'une monarchie si Dieu faisait peser sur nous les misères d'une anarchie républicaine. C'est une qualité éminemment allemande que de montrer une pareille bienveillance pour le sort d'un voisin hostile, mais le gouvernement de Sa Majesté a d'autant moins de raison de suivre ce penchant peu pratique que tout observateur attentif a dû remarquer combien les conversions politiques ont été et sont encore nombreuses en Allemagne depuis l'*experimentum in corpore vili* fait par la Commune sous les yeux de l'Europe : les rouges sont devenus libéraux modérés, les libéraux modérés sont devenus conservateurs ; ceux qui faisaient une opposition doctrinaire se sont convertis au sentiment de l'intérêt inspiré par l'Etat et de la responsabilité vis-à-vis de ce dernier. La France est pour nous un salutaire épouvantail [1].

Rien ne saurait égaler la force de ces expressions : la faveur accordée à la Restauration serait pour l'Allemagne un crime au sens propre, « exposerait peut-être à des poursuites de la part de la justice crimi-

1. *Op. cit.*, p. 78-81.

nelle le ministre responsable qui aurait suivi une politique si hostile à son pays ». Et, l'on ne saurait trop le répéter, ce n'est pas que Bismarck attende quelque complaisance du régime ou du parti dans lequel il s'incarnera : il croit ce dernier hostile; mais il compte sur les conséquences enfermées dans la définition même de la République, sur le vice propre des institutions, sur l'incurable mal du régime des partis qui rend impossible l' « union intérieure », sur l'impuissance constitutionnelle d'une démocratie parlementaire à avoir une diplomatie digne de ce nom.

Faiblesse essentielle, en effet, à laquelle d'autres maux peuvent se joindre, mais qui préexistaient à leur éclosion et qui persisteraient à les supposer guéris. En droit international, il y a des États souverains et des États vassaux ; en politique, il y a des États maîtres de leurs mouvements extérieurs, du jeu de leurs organes de défense et d'attaque, et des États paralysés : une démocratie parlementaire, qu'elle soit conservatrice, modérée ou radicale, catholique, libérale ou maçonnique, n'a pas le libre jeu de ses organes.

Bismarck le savait par expérience.

Il savait l'indépendance nécessaire à l'homme d'État vis-à-vis de l'opinion, lui qui avait vaincu à Sadowa, alors qu'il était depuis des années en minorité devant la Chambre prussienne.

Il savait que la plus indispensable et la plus élémentaire condition de la diplomatie, le secret, est contraire à l'idée même du gouvernement démocratique; il avait vu en février 1871 les plénipotentiaires français arriver à lui cartes abattues quand il gardait son jeu caché : l'expression est de M. Hanotaux [1]. Nul ne pouvait dire s'il ne désirait pas la continuation de la guerre. Les élections faites sur la question de la paix, le débat du 21 février 1871 à l'Assemblée l'avaient renseigné sur les dispositions de la France.

Il savait encore que l'opinion du nombre est toujours opposée à la guerre, lui qui devait faire écrire par son fils : « En France et en Allemagne, comme dans tous les pays du monde, la masse du peuple aime la paix [2]. »

Et il n'ignorait pas que cette aversion de la guerre n'est point pour qui l'éprouve la garantie de la paix, car détournant d'une offensive peut-être nécessaire, elle laisse à la merci de toutes les attaques dont elle ne diminue pas la possibilité. Elle place l'État pacifiste dans la situation d'une neutralité non garantie ; elle laisse à l'adversaire le choix de l'heure.

La République, en France, n'étant à l'épreuve ni de la victoire ni de la défaite, ne peut faire la guerre, ce qui ne défend pas de la subir.

1. *Histoire de la France contemporaine*, in-8°, Paris, Boivin et Cie, 1903 sqq. « Tandis qu'il tenait son jeu étroitement fermé dans ses mains, M. Thiers arrivait avec le sien tout ouvert devant lui. » (T. I, p. 10.)

2. Lettre du 30 octobre 1877.

Le Césarisme est condamné à faire la guerre, même inutile, même dangereuse.

La Monarchie trouve dans le seul intérêt national les raisons de la guerre ou de la paix.

M. d'Arnim, d'ordre du chancelier de l'Empire allemand, vint faire auprès du duc de Broglie, après le 24 mai, une démarche pour le détourner de la Monarchie.

Le ministre français affecta de ne voir qu'une conversation privée dans cette insolente communication et répondit en souriant que, si l'Allemagne trouvait la République si bonne, elle en pouvait essayer; le diplomate se le tint pour dit, mais à mesure que les chances de la Restauration semblaient se préciser, M. de Gontaut signalait de Berlin la colère du chancelier, et la menace paraissait assez grosse pour que le maréchal de Mac-Mahon attribuât la lettre du 25 octobre, qui rendit impossible la Restauration, au patriotisme du Comte de Chambord, soucieux d'éviter à son pays une agression de l'Allemagne [1].

Les documents les plus autorisés, les *Souvenirs* de

1. Général du Barail, *Souvenirs*, t. III, pp. 381-428.
* M. Desjoyaux, dans son récent ouvrage, *La fusion monarchique*, revient sur cette hypothèse d'une menace allemande au Comte de Chambord. Il faut répéter qu'elle est inexacte, car elle suppose que le drapeau blanc fut un prétexte et que le prince entendit en s'y attachant se rendre impossible, ce qui est faux. Il ne faut retenir de cette légende que l'impression des hommes qui y ont cru : les mieux renseignés ne doutaient pas que Bismarck pût aller jusqu'à l'intervention pour le maintien de la République.

M. de Dreux-Brezé et les papiers inédits de M. de Vanssay, communiqués à M. Hanotaux, ne confirment point cette hypothèse. Mais qu'elle ait pu s'imposer à l'esprit du chef de l'État, c'est assez pour faire mesurer l'attitude que le chancelier avait prise et la haine avec laquelle il poursuivait, dans la restauration de la Monarchie, la restauration de la France.

A cette même heure, des Français souhaitaient pour leur pays la République, beaucoup dans toute la bonne foi de leur patriotisme : ce que le génial ennemi de la France lui souhaitait comme un dissolvant, ils le demandaient comme le moyen du relèvement.

Je ne voudrais rien dire qui puisse blesser leur tristesse ; le deuil de leurs illusions doit être plus cruel que ne fut pour aucun royaliste l'avortement de ses espérances, mais les événements ont jugé ces calculs contradictoires.

Le traité de Francfort tient-il toujours? n'est-il pas plus solide qu'au lendemain de sa conclusion ?

Quel exemple la République a-t-elle donné à l'Europe, et quelle impression l'Europe en a-t-elle éprouvée ?

Qu'est devenue l' « union intérieure » ? Qu'a pu faire une diplomatie sans suite dans ses desseins ? Et n'est-il pas trop évident que si quelque ennemi songe à nous attaquer, la République ne peut lui disputer le suprême avantage : le choix de l'heure ?

Je ne sais quelle option feraient les constituants du

régime si la liberté de choisir leur était rendue, mais nul ne niera que le prince de Bismarck s'applaudirait du parti qu'il avait pris et de l'excellence de ses calculs.

II

Du moins on ne peut affirmer que son intervention ait agi sur les événements [1].

* 1. Galli, *Gambetta et l'Alsace-Lorraine*, 35 sqq., qui donne de curieux détails sur les premiers rapprochements de la Franc-Maçonnerie française et de l'Allemagne. Bismarck, *Notes et Souvenirs*, II, 195, avoue : « Des sommes destinées à faire défendre notre politique dans la presse française, et qui s'élevaient de 6,000 à 7 000 thalers, étaient employées par l'ambassadeur d'Arnim. »

Mme Adam (VI, 14 sqq.) fournit les détails suivants sur l'action républicaine de Bismarck dès l'année 1873 :

« L'un de nos amis de souche lorraine, qui nous a depuis la guerre renseignés à lui seul mieux que les agents du gouvernement ; qui nous a permis de donner à M. Thiers, à Gambetta, sur l'Allemagne des renseignements qui leur ont été à tel point utiles qu'ils ont accepté l'anonymat que notre ami nous impose, car seuls nous connaissons, Adam et moi, son nom, et ne le désignons que sous le nom de Talisman. Ce Talisman, qui hait Henckel de Donnersmarck d'une haine mortelle dont nous ne savons pas le motif, nous dit que Henckel est à Paris l'agent de Bismarck, chargé d'amadouer les républicains, de les aider dans leur lutte contre la droite, contre Mac-Mahon, de persuader à Gambetta, au héros de la défense nationale, que ses préférences sont en France pour la République ! qu'Arnim sera cruellement puni des propos qu'il a tenus en faveur de la Monarchie. »

C'est à ce moment que Gambetta, prévenu, aurait répondu : « Profitons des bonnes dispositions, d'où qu'elles viennent. »

Mais la constitution n'est que la forme du régime historique qu'est la troisième République.

Le fond, c'est la domination d'un parti dont l'armature est composée de minorités confessionnelles et d'éléments étrangers coordonnés par la franc-maçonnerie, le vieux parti républicain, qui, divisé sur mille questions politiques ou économiques, n'a eu de suite et de discipline que pour combattre la tradition religieuse de la France.

Ce parti s'est installé définitivement au pouvoir par sa victoire sur le ministère du 16 mai. Or quelle a été la manœuvre décisive qui a décidé du sort de la bataille? Elle a consisté :

1° A représenter les monarchistes et les conservateurs d'origine monarchiste comme des cléricaux;

2° A persuader aux électeurs qu'en leur qualité de cléricaux, ils voulaient la guerre, la guerre pour le Pape, et qu'afin de rendre à celui-ci son pouvoir temporel, ils entraîneraient la France dans la prise d'armes qu'elle ne voulait pas risquer pour sa propre cause.

C'était l'accusation formulée dans l'ordre du jour Laussédat, Leblanc, de Marcère, dont l'acceptation par le cabinet décida le maréchal à renvoyer Jules Simon :

« La Chambre, considérant que les manifestations ultramontaines, dont la recrudescence pourrait compromettre la sécurité intérieure et extérieure du pays, constituent une violation flagrante des lois de l'État ;

« Invite le Gouvernement, pour réprimer cette agitation antipatriotique, à user des moyens légaux dont il dispose. »

Ce fut le thème de toute la période électorale qui suivit la dissolution de la Chambre. Mais la réussite de la manœuvre dépendait étroitement de l'attitude de l'étranger. Pour que la France pût croire que la victoire du maréchal menaçait l'Italie et l'Allemagne, il était indispensable que la presse italienne et allemande se montrât effrayée de cette éventualité.

L'opposition républicaine n'hésita pas à dénoncer à l'étranger le gouvernement de la France, et le journal de Gambetta alla jusqu'à inviter l'Allemagne à prendre l'initiative de la guerre contre la France pour n'être pas prévenue si les conservateurs triomphaient.

Qu'on en juge par ce morceau d'un article paru dans la *République française* du 15 juillet 1878 :

> A l'étranger, les succès de la politique du maréchal n'ont qu'une signification : à la guerre ! C'est du reste ainsi que la presse allemande envisage la question.
>
> *En effet, si la France hésitait, la prudence conseillerait à l'Allemagne et à l'Italie de prendre l'initiative d'une lutte qu'aucune force humaine ne pourrait plus arrêter.*
>
> Le Vatican et le parti clérical français, plus aveugles que jamais, donneraient tous de la voix, et le cri de la revanche se ferait entendre d'un bout à l'autre de la France, menaçant Rome pour frapper Berlin, ou menaçant Berlin pour frapper Rome.
>
> Voilà la perspective que l'Europe peut avoir devant elle.

La presse étrangère s'empressa du reste de paraître

très effrayée de la perspective d'une victoire électorale conservatrice. La presse officieuse allemande, inspirée par Bismarck, se fit partout un devoir de pourvoir la presse française d'arguments contre le cabinet de Broglie.

Le 11 octobre, trois jours avant les élections, la *Gazette de l'Allemagne du Nord* affirma que les cabinets de Berlin et de Rome s'étaient déjà concertés en vue des périls qui pouvaient résulter pour eux du résultat des élections.

Ce prétendu traité fournit aux 363 leur manœuvre de la dernière heure. Le ministre de l'intérieur le démentit en vain.

Il suffit de feuilleter les collections du *Temps* et de la *République française* de cette date pour apprécier la place que tint dans la politique des 363 la menace de l'étranger [1], mais comme le temps me manquerait, et qu'aussi bien on pourrait croire à des excès de journalistes, je ne veux citer que le discours où, à la tribune de la Chambre, Jules Ferry avoua cette pression et la réplique dans laquelle le duc de Broglie en flétrit le scandale.

Dans la séance du 15 novembre, Jules Ferry fit les déclarations suivantes [2] :

M. JULES FERRY. — Il n'est pas possible de concevoir et de

1. Vicomte de Meaux, *Souvenirs politiques* (1871-1877), Paris, Plon-Nourrit, 1905.
2. *Journal officiel*, p. 7431.

former dans ce pays-ci plus de deux majorités : ou une majorité républicaine et anticléricale, ou une majorité cléricale et monarchiste.

D'où il suit que *si par malheur la majorité, chose impossible, et les dernières élections viennent de le prouver, pouvait échapper au parti républicain libéral pour passer au parti clérical et monarchique, l'Étranger, qui n'est qu'attentif, deviendrait ombrageux et bientôt hostile. (Protestations nombreuses à droite, applaudissements à gauche.)*

A droite. — C'est un appel à l'étranger !...

M. Jules Ferry. — Moi, j'appelle ici votre attention sur une situation grave et dont les ministres qui sont sur ces bancs connaissent la gravité aussi bien que moi, assurément. De plus, je justifie mon parti des accusations qui ont été portées contre lui à cette tribune. Je me défends, et c'est pourquoi je garde la parole.

M. de la Rochefoucauld, duc de Bisaccia. — Vous les justifiez, ces accusations.

M. Jules Ferry. — Je vous disais ceci, Messieurs, c'est que comme il est impossible de concevoir en ce pays-ci autre chose que deux majorités, l'une républicaine et anticléricale... !

M. Laroche-Joubert. — Dites donc anticatholique.

M. Jules Ferry. — ... l'autre cléricale et monarchique, *ainsi s'explique pour nous l'anxiété profonde avec laquelle l'Europe a suivi, depuis le 17 mai, le mouvement électoral français.*

A droite. — En France, soyons Français.

M. Jules Ferry. — Ainsi s'explique ce fait si incontestable que depuis six mois les affaires intérieures de la France ont pris dans les préoccupations de la presse européenne une place plus grande que les affaires d'Orient elles-mêmes.

Et ce ne sont pas seulement les journaux, l'opinion, qui sont curieux et attentifs : ce sont les gouvernements eux-mêmes. (Vives réclamations à droite. C'est vrai ! très bien ! à gauche et au centre.)

Une voix à droite. — C'est une honte qu'un pareil langage.

M. DE BELIZAL. — Faites respecter la France, Monsieur le Président.

M. JULES FERRY. — Et j'arrive ici directement à un des derniers incidents de la lutte électorale.

Vous vous rappelez, Messieurs, peut-être que la veille ou l'avant-veille du 14 octobre, M. le ministre de l'intérieur envoya dans les départements une dépêche très étendue dans laquelle figuraient plusieurs altérations de la vérité, je suis bien obligé de le lui dire.

Cette dépêche avait pour but de démentir la nouvelle d'un prétendu traité d'alliance offensive et défensive entre l'Allemagne et l'Italie en vue de se prémunir contre les résultats des élections en France. (*Réclamations à droite. Parlez ! parlez à gauche.*)

M. le ministre de l'intérieur donnait un démenti absolu, disait-il, absolu et catégorique à toute espèce d'assertions de ce genre.

Eh bien ! ce qui était vrai et ce que la lecture des journaux officieux d'Italie et d'Allemagne aurait pu vous démontrer...

M. LE DUC DE FELTRE. — Le papier porte tout.

M. JULES FERRY. —... c'est qu'il n'y avait assurément pas de traité signé, mais qu'il existait des accords de fait et des arrangements préparés. (*Exclamations à droite.*) Et l'un des journaux officieux et très officieux que je vais citer s'exprimait ainsi à propos de la dépêche de M. de Fourtou.

Nous avons dit que ce traité n'était pas encore formellement conclu, cela est vrai. Mais M. de Fourtou aurait dû signaler succinctement la perspective que la *Gazette de l'Allemagne du Nord* faisait entrevoir pour le cas où les cléricaux remporteraient la victoire de la lutte électorale en France. (*Vives interruptions à droite.*)

Vous ne m'empêcherez pas de continuer.

M. DE CLERCK. — On ne peut pas entendre un pareil langage !

M. PARIS, MINISTRE DES TRAVAUX PUBLICS. — Allez donc prononcer ce discours à une tribune allemande. (*Applaudissements à droite.*)

M. LE PRÉSIDENT. — Veuillez faire silence, Messieurs. On a écouté M. le ministre de l'intérieur, vous devez écouter l'orateur qui est à la tribune.

M. JULES FERRY. — Vous ne m'empêcherez pas de dire la vérité, et votre ministre des affaires étrangères lui-même me rendra cette justice que je ne dis pas tout parce que tout ne peut pas se dire.

M. LE DUC DECAZES. — Ces assertions sont contraires à toute vérité !

M. le duc de Broglie a, depuis renouvelé ce démenti dans la *Mission de M. de Gontaut-Biron.*

« Je défierai hardiment, a-t-il écrit, qu'on pût trouver dans aucune chancellerie d'Europe la trace à ce moment d'aucun pourparler de cette nature [1]. »

Il répondit d'ailleurs le lendemain au discours de Jules Ferry par les paroles suivantes :

M. LE DUC DE BROGLIE. — Il a fallu inventer le mensonge en France et l'envoyer ensuite perfectionner à l'étranger. C'est l'opération que, sous nos yeux, l'honorable M. Jules Ferry a accompli à la tribune. Ne l'avons-nous pas vu, en effet, établir d'abord avec une autorité doctrinale qu'il y avait en France une fraction conservatrice, le parti clérical, qui voulait à tout prix, même au risque de la guerre, rétablir le pape dans son pouvoir temporel ? Aucune protestation, aucune réclamation ne l'ont arrêté. Puis il a tiré immédiatement la conclusion que l'Italie ainsi menacée était en droit de prendre l'alarme et de se mettre en défense si le parti auquel on supposait cette intention avait remporté une victoire, même partielle, dans les élections françaises.

C'est exactement la répétition de ce qui se passe tous les jours

1. Duc de Broglie, *op. cit.*, p. 308.

depuis six mois. On commence par affirmer qu'il y a des Français qui ne recuieraient pas devant la guerre, puis, comme on ne le croirait pas tout de suite en France, on le fait répéter à l'étranger par les mille organes que compte la presse révolutionnaire d'Europe.

Qu'arrive-t-il alors ? A force d'entendre répéter les mêmes faits, et de voir des Français dénoncer leurs compatriotes, l'Étranger s'émeut, non pas les cabinets étrangers, qui sont plus prudents et mieux informés, mais le public étranger. Les journaux répondent à la menace supposée de la France par d'autres menaces correspondantes. Alors l'opération est faite, c'est le cas de revenir en France et d'y réimporter la calomnie qu'on avait commencé par exporter. (*Vifs applaudissements à droite.*)

Inquiéter l'étranger sur les dispositions de la France, ensuite intimider la France par la menace de l'étranger, voilà l'opération tout entière.

Et quand on songe par quelles mains elle est pratiquée ; quand on songe quels sont les hommes qui se font les propagateurs de ces faux bruits ; quand on songe que ce sont ceux-là même qui, alors que la France épuisée demandait qu'on la laissât respirer, lui ont refusé la paix pendant des mois avec obstination, uniquement pour fonder plus à loisir la forme de gouvernement qui leur convenait ; quand on songe que ce sont les outranciers de la guerre qui se sont ainsi transformés en un clin d'œil en pacificateurs à tout prix, toujours dans ce même intérêt de parti...

A gauche. — On n'entend pas.

M. LE PRÉSIDENT DU CONSEIL. — J'ai dit et je répète que quand on songe quels sont les hommes qui se sont faits les propagateurs de cette calomnie; quand on songe que ce sont les hommes qui, lorsque la France était épuisée et demandait à tout prix la paix la lui ont refusée obstinément dans un intérêt de parti ; quand on songe que ce sont ces hommes-là, que j'ai appelés les outranciers de la guerre, qui se sont transformés à vue d'œil en pacificateurs à tout prix, voilà ce que j'ai dit, avez-vous entendu ?

Quand on songe que ce sont ces hommes qui ont aujourd'hui avec les feuilles allemandes des rapprochements sympathiques, car on nous a dit hier qu'elles ne tenaient à aucune connivence secrète, mais il y a des rapports de langage si surprenants que tout le monde s'y méprend ; quand on songe que ce sont ceux-là qui accusent le parti conservateur de vouloir la guerre, on se demande jusqu'où peut aller le cynisme de certains partis, et dans quel état serait la patrie si elle tombait dans leurs mains.

C'est la première fois, — on peut consulter notre histoire, — c'est la première fois qu'on a vu intervenir dans nos délibérations la menace supposée ou vraie de l'étranger. Jamais on n'avait voulu se servir d'une arme pareille ! et quand une fois, en 1818, un parti extrême l'a essayé, le roi Louis XVIII et son parti l'ont à l'instant renié.

J'ai voulu épargner cette honte à mon pays, je l'ai voulu, j'en ressentais une douleur trop naturelle, car il faut tout dire, cette intervention de l'étranger dans nos affaires intérieures, ce serait, si l'on y persistait, le signe de la décadence irrémédiable de la patrie.

Lisez l'histoire et ses tristes leçons. N'est-ce pas sur l'agora d'Athènes mourante qu'on évoquait le fantôme de Philippe de Macédoine ? N'est-ce pas dans les diètes de Pologne qu'on se retournait avant de voter pour savoir ce que pensaient et ce que voulaient les ambassadeurs de Catherine ?

Les « connivences secrètes » que signalait le duc de Broglie commencent à se découvrir. Comme la presse officieuse allemande recevait le mot d'ordre de Bismarck, il n'était pas douteux qu'il fut l'inspirateur de la campagne de l'autre côté du Rhin. — Y avait-il accord conclu entre lui et Gambetta, chef des républicains français ?

Voici ce que nous apprend Crispi. L'homme d'État

italien, alors président de la Chambre des députés et connu comme ennemi juré de la France, faisait un tour d'Europe. Il passait par Paris, allant à Berlin, le tout sans caractère officiel. Il vit Thiers et Gambetta. Celui-ci tint cette entrevue si secrète que le 4 septembre — elle avait eu lieu le 30 août — son propre journal signalait la gallophobie de Crispi :

Un des personnages les plus importants du groupe parlementaire, qui professe une haine profonde pour la France, une admiration servile pour l'Allemagne

Mais, le 8 septembre, la *République française* rectifiait le tir :

C'est à tort qu'on a souvent représenté l'homme d'État italien comme l'adversaire de la France. Il n'est l'ennemi que de la théocratie et du césarisme. Crispi ne peut être chez nous qu'un hôte sympathique.

La suite de sa carrière a bien justifié cet éloge ! mais ces excuses étaient bien le moins que Gambetta dût à Crispi après l'entrevue du 30 août.

Crispi a fait connaître une partie des propos qui y furent échangés. La *Nuova Antologia* du 16 mai 1899 a publié un article intitulé : *la Conférence pour le Désarmement*, par Francesco Crispi, dans lequel, pour citer un mot de Bismarck se rapportant à son sujet, Crispi est amené à conter ceci :

Le 30 août 1877, à Paris, je vis Gambetta et je me mis à discuter avec lui sur la politique et sur les graves circonstances d'un moment singulièrement difficile pour la France. Le maréchal de Mac-Mahon présidait au sort de la République, et bien des libéraux avaient une peur extrême d'un coup d'État. Je fis observer à l'illustre tribun que l'armée et le clergé étaient un péril pour le régime populaire (*l'esercito e il clero erano un pericolo pel regime popolare*). Il en convint, et il ajouta que le seul remède à cet état de choses aurait été le désarmement universel, et puisque j'étais sur le point de partir et que je devais voir sous quelques jours le prince de Bismarck, il me pria de traiter en Allemagne cette question si délicate (*delicatissima*). Le 13 septembre de la même année, étant à Gastein, je vis le grand chancelier et je lui parlais suivant la promesse que j'avais faite à Léon Gambetta. Bismarck me répondit en ces propres termes, que je rapporte d'après mon mémorial de ces jours :

En pratique, le désarmement n'est pas possible. On n'a pas encore trouvé dans le dictionnaire les mots qui marqueraient où commence et finit le désarmement ou l'armement. Les institutions militaires sont différentes suivant les différents États, et quand vous aurez mis les armées sur le pied de paix il faudra encore savoir si les nations qui adhèrent au désarmement sont dans des conditions égales pour l'offensive et la défensive. Laissons, conclut le grand chancelier, cette question à la Société des amis de la paix [1].

Mais il ne put pas ne pas saisir la vraie portée de cette étonnante proposition : ce chef de parti qui, en pleine bataille électorale, une bataille dont Bismarck pouvait par son attitude décider le sort, lui faisait parler de désarmement, c'était l'homme de la guerre à outrance, celui qu'il croyait en 1873 encore l'inspirateur de la politique de revanche. Or, comme désar-

1. *Loc. cit.*, pp. 364-365.

mement et revanche sont, par définition, incompatibles, Gambetta ne pouvait pas plus clairement faire savoir à Bismarck qu'il n'était plus l'homme de la revanche. Ainsi en août-septembre 1877, Gambetta, pour jeter dans la balance électorale le poids des menaces allemandes, ratifiait le traité de Francfort.

S'en tint-il à ce demi-mot qui disait tout ? Crispi qui, dans les banquets à lui offerts à Berlin, déblatérait sur les candidats conservateurs, avait-il mission d'entrer dans plus de détails ? Il n'avait pas à le dire, son sujet l'amenant seulement à parler de la proposition de désarmement, mais il n'importe pas. C'était assez pour que Bismarck fît donner à fond toute la presse inspirée.

Les 363 purent invoquer contre les candidats du Maréchal les menaces les plus formelles de l'ennemi ; ce concours était décisif; ils triomphèrent.

Ils ne se montrèrent pas ingrats ; l'ambassadeur de France à Berlin, M. de Gontaut-Biron, inquiétait Bismarck par son ascendant personnel sur l'Empereur : il fut sacrifié.

Les affaires étrangères furent confiées à M. Waddington, dans la pensée que sa confession protestante serait agréable au chancelier.

Cette remarque, cruelle injure à nos « frères séparés », n'est pas de moi : c'est Gambetta qui prit soin de faire observer au comte Henckel de Donnersmarck le culte du nouveau ministre.

Le comte Henckel, que nous avons vu l'autre jour

revenir à Paris orné du titre de prince et chargé d'une mission inquiétante, avait été le premier gouverneur allemand de Lorraine : « Lorsqu'il s'était agi de fixer la contribution de guerre à imposer au peuple français, Henckel de Donnersmarck l'avait fait porter de 3 milliards, chiffre indiqué par les banquiers de Berlin, à 5 milliards, parce qu'ayant longtemps boursicoté à Paris avant la guerre, il était mieux renseigné sur ce que la France pouvait payer. C'est le témoignage du baron de Ring, ancien directeur politique aux affaires étrangères » [1]. Il avait épousé la Païva qu'il suffit de nommer, et son hôtel des Champs-Élysées et son château de Pontchartrain étaient deux centres d'information pour la politique allemande [2].

1. *Libre Parole*, 13 déc. 1901.

2. *Le Messager d'Alsace-Lorraine* du 24 juin 1905 donne les détails suivants sur ces personnages :

« Quand le comte Henckel de Donnersmarck épousa la Païva, cette Petite-Russienne n'avait pas précisément derrière elle un passé de vertu. Femme divorcée d'un tailleur de Moscou qui s'appelait Villoing, Thérèse Lachmann avait épousé en secondes noces le vicomte Araujo de Païva qui, lorsque le ménage commença à craquer, eut la malencontreuse idée de se suicider dans un hôtel borgne de Montmartre. Aussi bien, malheureux et abandonné, n'avait-il guère mieux à faire, alors que sa femme mangeait ses dernières économies avec le pianiste Henri Herz. Soyons discrets sur la misère qui vint après, sur les relations avec Thérèse Guimond et le « lancement » de Londres. Avec sa clientèle anglaise, l'ex-femme Villoing revint à Paris et s'installa luxueusement place Saint-Georges, en face de M. Thiers.

« L'hôtel des Champs-Élysées fut construit entre 1865 et 1870. Émile Augier n'écrivit peut-être pas, à propos du fameux

Gambetta y fréquentait intimement et, dit le comte, avec sa faconde de méridional il donnait bien plus l'occasion d'écouter que de parler.

Au lendemain même de la victoire électorale des

escalier, le vers de Racine : « Ainsi que la vertu, le vice a ses degrés ». mais le mot de Théophile Gautier : « Les constructions avancent, on vient de poser le trottoir » parait authentique. Sur ce trottoir, le jeune comte de Donnersmarck voulut être seul favorisé... Il épousa. La Païva avait alors quarante ans passés.

« Quel merveilleux poste d'observation que ces réunions chez la célèbre courtisane, pour un étranger en quête de renseignements ! Toute l'opposition républicaine venait là.

« Henckel sut se faire admettre aux causeries intimes, et ce qui fut dit devant lui ne tomba pas dans l'oreille d'un sourd. Pour sa femme, il acheta le château de Pontchartrain, ancien domaine de La Vallière, et c'est en cette somptueuse demeure que, pendant la guerre, le général Von der Thann reçut l'hospitalité. Le comte de Donnersmarck connaissait si bien les ressources financières de France, que lorsque Bleichrœder, consulté par Bismarck, indiqua trois milliards comme chiffre de l'indemnité de guerre que l'Allemagne pouvait demander au pays vaincu, le troisième mari de Thérèse Lachmann intervint pour dire : « Vous pouvez demander cinq milliards. »

« Tel était l'homme qu'après l'annexion Bismarck nomma préfet de Lorraine. Il fut un des agents les plus actifs de la germanisation, un de ceux qui firent peser le plus lourdement sur notre pays la main du vainqueur. Aux élections générales de 1874, alors que les pays annexés envoyèrent pour la première fois des députés au Reichstag, il eut l'audace de se présenter contre Mgr Dupont des Loges. Le grand évêque obtint 13.054 voix. L'ancien espion parvint à en réunir 2.346. On évalue par là le nombre des immigrés qui, en trois ans, de 1871 à 1873, étaient venus dans le seul pays de Metz.

« Cependant, à Paris, la Païva avait rouvert ses salons. On y venait peu et on y venait clandestinement. Son mari osa s'y

363, Henckel fait connaître à Bismarck les relations qu'il a nouées avec le tribun. (Lettre du 17 octobre 1877.)

Le 30 octobre, Herbert de Bismarck, écrivant pour

montrer. On l'accueillit presque avec sympathie. Lentement se renouaient les fils qui, avant la guerre, liaient les hôtes de l'avenue des Champs-Élysées au comte Henckel de Donnersmarck.

« Aux élections françaises d'octobre 1877, son rôle d'agent s'affirme de nouveau. Par ses soins des bruits de guerre sont lancés dans les journaux allemands. Correspondant actif et clairvoyant, il renseigne Bismarck au jour le jour, — la publication des lettres échangées entre les deux hommes d'État, qui vit le jour chez Cotta, à Stuttgart, en fait foi. Gambetta l'entretient, à la fin de l'année 1877, de ses projets de désarmement. Le grand tribun vient à Pontchartrain, et l'on prépare ensemble le fameux projet d'entrevue avec le chancelier qui ne fut jamais mis à exécution.

« Nous avons retenu trois moments dans la vie de ce singulier personnage. De son apparence physique, de son caractère, nous ne savons rien. Cachait-il ses desseins obscurs sous les apparences d'un charmeur? A cause de sa femme, gardait-on pour lui tant d'indulgence, pour que, trente-cinq ans après la guerre, il eût encore à Paris les relations dont il sut si bien jouer l'autre jour?

« Thérèse Lachmann, comtesse Henckel de Donnersmarck, mourut sexagénaire en 1884, au château de Dewdelk, en Silésie. Il y a quelques années, on annonça que son mari avait été fait prince. Une quatrième fois, alors que nous le croyions tous voué à l'oubli, son rôle dans la politique franco-allemande vient d'être prépondérant. Voudrons-nous, par comparaison, tirer une morale de son intempestive intervention?

« Si le calme est aujourd'hui rétabli, l'heure est encore trop grave pour que nous fassions allusion aux événements de ces dernières semaines. Méfions-nous. — A. »

son père souffrant, félicite Henckel, mais il craint que cette communication de son père avec Gambetta ne compromette inutilement celui-ci.

Le 23 décembre, Henckel insiste : il demande une entrevue pour Gambetta, rappelle les gages donnés à l'Allemagne : disgrâce de Gontaut, nomination de Waddington, et précise les conditions que Gambetta est disposé à accepter.

Le 28 décembre, Bismarck ajourne encore l'entrevue ; il est plus soucieux de la liberté de Gambetta que Gambetta lui-même :

« Je tiens trop à ménager son autorité pour faire rien qui puisse l'ébranler. Le capital qu'il représente doit être ménagé. »

En avril 1878, Bismarck au contraire souhaite l'entrevue. Gambetta, éloigné de Paris par la mort de sa tante, — lettre et dépêche du 12 avril, — demande le 22 un rendez-vous à Henckel ; le voyage est arrêté et annoncé par une dépêche et une lettre du 23, mais le 28, Gambetta se dégage sous le prétexte ou pour la raison qu'il est retenu à la Chambre pour la discussion du budget de la guerre. Une note de la correspondance avertit que le projet ne fut pas repris.

Le seul projet de cette entrevue mystérieuse a été reproché à Gambetta comme une demi-trahison,

En soi, cette entrevue pouvait être correcte, même patriotique : un pays vaincu continue bien d'entretenir une ambassade auprès du vainqueur ; si le chef réel du gouvernement se croit plus apte que tout autre diplomate à débattre certaines questions, il a le droit et le devoir de le faire lui-même. Gambetta eût pu garder dans une entrevue directe avec Bismarck autant de dignité que M. de Gontaut en avait mis dans sa mission officielle.

Le secret nécessaire à garder, la contradiction de cette démarche avec le personnage que Gambetta jouait pour le public lui donnaient mauvais air : c'était la condition que faisait à Gambetta le gouvernement d'opinion qu'il avait contribué à fonder ; mais s'il croyait la tentative utile à la France, il eût bien fait de la tenter néanmoins. Seulement, sur quoi devait rouler la conversation ? *Le Temps*, qui fit le premier connaître ces documents, avait supprimé la fin de la lettre du 23 décembre qui nous l'apprend. Ce n'était pas sans motif. *Il s'agissait de convenir avec Bismarck de la politique religieuse et militaire de la France.*

Il faut tout citer :

Neudeck, 23 décembre 1877.

... Avant-hier, Gambetta m'a fait faire une communication par une occasion sûre. Il m'a rappelé qu'au milieu de novembre je lui avais exprimé mon opinion personnelle sur ce point : que le chancelier ne croirait jamais à la sincérité du gouvernement français à l'égard de l'Allemagne aussi longtemps que sa politique extérieure serait dans des mains cléricales et Gontaut ambassadeur à Berlin. Gambetta m'avait alors répondu qu'à la fin de l'année ces difficultés n'existeraient plus. *Or le choix d'un protestant* (Waddington) *pour le ministère des affaires étrangères* et le remplacement de Gontaut par Saint-Vallier, qui a été désigné par le prince de Hohenlohe comme une personnalité agréable et sympathique à l'Allemagne, ces deux nominations survenues dans l'intervalle avaient manifesté le désir de la France d'entrer en bons rapports avec l'Allemagne. Gambetta demandait donc si, en échange, on ne pouvait espérer un témoignage de sympathie officielle à l'égard de la France, par exemple à propos de l'Exposition projetée, tout en maintenant la non-participation de l'Allemagne à cette exposition. Gambetta ajoutait qu'une communication de cette nature serait présentement la très bien venue au ministère.

Je lui ai répondu aujourd'hui qu'il ne m'appartient pas de décider sur des questions pareilles, et qu'en tous cas *une attitude résolue contre Rome serait le plus sûr moyen d'arriver à un rapprochement ultérieur.*

A la fin du mois d'octobre, Votre Excellence a bien voulu me faire écrire par son fils que le fait d'entretenir des relations avec le « Prussien » Bismarck pouvait nuire à Gambetta dans l'opinion de ses compatriotes. A ce propos, je puis vous faire connaître que le prestige de Gambetta est indiscuté et que le dictateur de Tours est resté l'autocrate des républicains. Si vous voulez bien m'y autoriser, je prendrai sur moi de vous envoyer Gambetta à Varzin, et naturellement, selon que vous le jugerez à propos, publiquement ou secrètement, vous n'avez besoin que de faire un signe. Le « Père Joseph » du gouvernement actuel, l'homme sur qui repose la majorité parlementaire, vous apportera, dans leur extension la plus large, l'empressement et le concours de la France, pour réaliser ce qu'il estime nécessaire à l'établissement de relations régulières et confiantes en Europe et à la solution de la crise industrielle et commerciale, — à savoir une politique commune de l'Allemagne et de la France contre Rome, le rétablissement d'un régime de confiance entre les deux pays, une entente réciproque sur le budget de la guerre.

Politique commune contre Rome ; on aurait cru

que c'était le plus réservé des sujets intérieurs, le dernier qu'un Français pût se permettre d'aborder avec le vainqueur.

Je ne voudrais rien exagérer : je sais que tout ce qu'on enlève à la responsabilité personnelle de Gambetta retombera à la charge du régime.

Si l'on est partisan d'un désarmement, c'est bien avec l'ennemi, si paradoxal que cela semble, qu'on doit en causer : on peut espérer avec lui une entente, tandis qu'en donner l'espoir au pays avant d'en avoir assuré la possibilité, c'est folie pure et coupable. Mais pour qu'une politique d'allégement des charges militaires chez une nation vaincue puisse se discuter sans éveiller les pires soupçons, il faut que, dictée uniquement par des considérations économiques et financières qui ont leur force, elle soit pure de toute arrière-pensée de parti. Je n'aime pas qu'elle soit négociée avec Bismarck par l'homme qui avait commencé par réclamer la suppression des armées permanentes, qui, en 1877, convenait avec Crispi que l'armée était un péril pour le régime populaire.

Quant à la politique contre Rome [1], entendue

1. L'anticléricalisme français, soi-disant dérivé de la libre-pensée, limite aussi soigneusement que le piétisme prussien ses coups au seul catholicisme.

Gambetta le déclare sans ambages dans le discours de Romans (18 sept. 1878) : « Il faut rendre justice à l'esprit qui anime les autres églises, et s'il y a chez nous un problème clérical, ni les protestants ni les juifs n'y sont pour rien. »

contre les catholiques français bien plus que contre l'inaccessible Vatican, toute âme de quelque qualité, même passionnée contre le dogme ou la discipline catholique, eût répugné à la concerter avec un ennemi vainqueur.

On répond, pour défendre Gambetta, que si Bismarck nous avait souhaité la République comme la peste, il nous conseillait la politique anticléricale dans notre propre intérêt, et la preuve, c'est qu'il la pratiquait lui-même.

Mais pourquoi la pratiquait-il ? Bismarck ne haïssait dans le catholicisme ni le sentiment religieux ni l'esprit d'autorité. Le conflit était tout politique : il voyait dans le catholicisme une religion étrangère, la religion des Latins, des Français ; il lui plaisait de faire triompher une religion *made in Germany*, et à un point de vue plus réaliste, il redoutait dans le catholicisme et la papauté une force internationale qui lui échappait, qui pourrait se retourner contre lui, servir la France.

Il combat dans le catholicisme la religion de la France, l'allié traditionnel de la France. M. Hanotaux a bien défini cette position :

« La bataille contre le Romanisme se rattache à la campagne contre la France [1]. »

Dans sa correspondance, il parait craindre que la France ne soit l'épée du catholicisme ; au fond, il

1. *Histoire de la France contemporaine*, II, 505-507.

craint surtout que le catholicisme groupe autour de la France, par affinité naturelle, une Sainte Ligue qui défasse son œuvre :

« Si, après le traité de Francfort, un parti catholique d'opinion, soit royaliste, soit républicaine, était resté au pouvoir en France, il aurait fallu craindre le rapprochement des deux puissances voisines que nous avions combattues, l'Autriche et la France [1]. »

Ainsi, tandis que Bismarck poursuit, dans le catholicisme, la conformité naturelle de l'intérêt catholique et de l'intérêt français, le chef des républicains de France va concerter avec lui la guerre au catholicisme ! L'entrevue n'eut pas lieu, mais la campagne parallèle au Kulturkampf n'en fut pas moins engagée; elle dure encore.

Le chancelier de l'Empire arrêta la sienne dès qu'il reconnut qu'il allait contre l'intérêt national allemand.

Le vieux parti républicain a tout subordonné à cette unique préoccupation, et, devant le banc vide du ministre des affaires étrangères démissionnaire, du président du conseil retenu par d'autres préoccupations, c'est encore la Séparation de l'Église et de l'État que la Chambre discutait aujourd'hui [2].

Telle est la différence des régimes : l'intérêt na-

1. Cité par Hanotaux, II, 375.
2. 15 juin 1905.
* Nous avons su depuis avec certitude dans quelles conditions cette démission avait été donnée.

tional est aussi pressant pour un souverain que pour un parlementaire l'intérêt électoral. Je n'imagine pas de terme plus fort : le Prince est nécessité à ménager une doctrine qui importe à la prospérité de son État comme un député radical à empêcher de fermer une chapelle à laquelle tiennent ses électeurs.

Je viens d'évoquer un passé bien ancien déjà : dans des crises plus récentes, l'histoire découvrira aussi la main de l'Étranger.

Peut-être le rôle de l'argent et la part de la trahison seront-ils moins importants qu'on ne l'imaginerait.

En tout cas, dans la fondation de la République, dans la conquête du pouvoir par le parti républicain, dans les origines de la guerre au « cléricalisme », nous ne découvrons rien de tel.

C'est le plus grave. Si redoutable que soit la vénalité, éternel fléau des démocraties, elle n'est pas la prise la plus puissante que l'Étranger ait sur leurs affaires.

Que des hommes d'État soient payés par le roi de Prusse, c'est fâcheux, mais il est pire qu'ils travaillent pour le roi de Prusse sans que celui-ci ait besoin de les payer, et le mal sera à son excès s'il n'a même pas besoin de se concerter avec eux, si l'intérêt d'un parti et l'intérêt de l'Étranger sont assez rigoureusement conformes pour que l'un et l'autre coopèrent sans même s'entendre.

Le péril national est en sens inverse du crime individuel.

Ainsi, dans ce régime dont la forme est une constitution qui organise l'impuissance nationale, dont le fond est la domination d'un parti hostile à la tradition française, chaque chose a eu la marque qu'elle méritait.

La forme a eu le vœu de l'ennemi.

Le fond a eu sa complicité active.

---

* LES VÉRIFICATIONS

Tous les documents qui voient le jour confirment l'intervention de Bismarck dans la fondation de la troisième République et l'accession au pouvoir du parti républicain. Les historiens de gauche ne peuvent essayer aucune contestation et préfèrent épaissir le silence sur ce point.

Seul, l'homme qui parut un moment incarner la République, Gambetta, a trouvé des défenseurs pour sa responsabilité personnelle. Il nous plairait, et notre démonstration politique n'en serait que plus forte, que sa bonne volonté patriotique fût intacte et que toute la responsabilité retombât sur le mécanisme ou les idées directrices du régime.

Nous avons une autre raison de ne parler qu'avec estime et amitié du livre que M. Henri Galli, déroulédiste de la stricte observance, a consacré à la mémoire du tribun : *Gambetta et l'Alsace-Lorraine*[1]. Il fait souvenir de ces curés qui semaient leurs sermons de propos de piété prêtés à Napoléon à la fois pour édifier les grognards et pour concilier à l'empereur, malgré Savone et Fontainebleau, la sympathie des âmes dévotes. Tout pareillement M. Galli se propose,

1. Henri Galli, *Gambetta et l'Alsace-Lorraine*, Plon-Nourrit, in-18, Paris, 1911.

autant que de défendre le renom de patriote de Gambetta, de faire bénéficier du crédit républicain qui reste attaché à son souvenir la cause de l'irrédentisme alsacien-lorrain. Si M. Galli peut convaincre quelque gambettiste, nous nous en voudrions de troubler sa tâche. Mais le patriotisme à base d'illusion manque d'efficacité, et en histoire, avant tout, il faut éclaircir la vérité de fait.

Le premier point du plaidoyer de M. Galli, c'est d'établir que tous les partis après la guerre ont commis la même faute : souhaité, accepté ou provoqué l'intervention de Bismarck en leur faveur. Ils auraient fait leur métier de partis, et le fait allégué serait encore pour fortifier nos thèses. Plus le régime des partis aura entraîné les meilleurs jusqu'aux fautes impardonnables, plus sa malfaisance congénitale sera claire, et nous vérifierons à nouveau que ce n'est pas l'avènement d'un personnel royaliste, mais l'établissement de la Monarchie qui est une Restauration.

Mais revenons à la vérité de fait. Tous les documents rendus publics jusqu'ici, et qui révèlent les efforts des hommes du 24 et du 16 Mai pour donner au prince de Bismarck des soumissions ou des apaisements, établissent très nettement la portée de ces démarches, dont les unes étaient nécessaires, dont les autres ont pu excéder, comme l'envoi de M. de Gontaut à Metz même, mais dont aucune ne sollicitait la bienveillance ou la coopération du chancelier. Leur but unique était de désarmer ses intrigues hostiles, et c'était le droit des hommes d'État conservateurs, ou de prévenir une agression armée de sa part, et c'était leur devoir. A défaut des institutions nationales, les idées traditionnelles ont du moins préservé ceux qui s'en inspiraient en quelque mesure d'aller demander à Bismarck ou d'accepter de lui qu'il mît son influence au service de leur cause.

Les documents se refusent si bien à étayer ce chef d'accusation, que pour lui donner corps, il faut les travestir d'une façon un peu étrange.

M. Galli écrit :

> Les royalistes de 1871, après s'être battus en héros pendant la guerre, nous l'avons démontré au chapitre précédent, avaient tantôt donné, tantôt suivi l'exemple... Il suffirait, insinuait un des leurs à M. de Hohenlohe, d'un article hostile au gouvernement républicain dans la *Gazette de Cologne* pour détacher la France de la République. Un tel propos en dit long sur l'état d'esprit des factions qui déchiraient la France pendant cette période [1].

Croira-t-on que le propos attribué à cette période 1871-1874 a été tenu en réalité dix ans plus tard, et surtout devinera-t-on le nom de ce prétendu royaliste de 1871 que M. Galli a garde de nommer ?

C'était le général de Galliffet !

Encore ne peut-on avec certitude lui imputer un mot qu'Hohenlohe ne rapporte que de seconde main [2].

1. Galli, 273.
2. Hohenlohe à Bismarck, 22 juin 1884, III, 123.

Mais enfin, si le propos est exact, il a été tenu en vue des élections de 1885 par le soldat politicien que nous avons connu ministre de Waldeck, et qui avait été le plus gambettiste des officiers généraux ! M. de Galliffet avait pu apprendre à bonne école l'usage électoral des articles de la *Gazette de Cologne*.

Cette coupable campagne de la *République française* en 1877, dont Gambetta, son directeur, ne peut être innocenté, M. Galli, trop patriote pour l'excuser, essaie d'en noyer la responsabilité par le rappel des fautes des autres, et on trouvera dans son livre de bons documents sur les défaillances des plus fameux républicains.

Pour l'abandon des provinces annexées, c'est Grévy qui dit à Scheurer-Kestner, dès 1871 :

> Je sais que vous êtes pour la guerre ; eh bien, je vous le dis à vous, mon ami, qui avez voté contre la conclusion de la paix : il ne faut pas que la France songe à la guerre, il faut qu'elle accepte le fait accompli, il faut qu'elle renonce à l'Alsace [1].

Pour la déplorable facilité à éveiller l'inquiétude de l'étranger sur les desseins de ses adversaires politiques français, c'est Jules Ferry qui, dès 1873, alors qu'il est ministre de France à Athènes, écrit :

> La Monarchie, c'est décidément pour l'Europe libérale, et il faut, hélas ! y mettre l'Allemagne de M. de Bismarck, la guerre à courte échéance [2].

1. Scheurer-Kestner, *Souvenirs de jeunesse*, p. 262, cités par Galli, 28.
2. Galli, p. 61.

Gambetta seul est sacré : il est pourtant certain que Gambetta n'a pas ignoré l'aide que la volonté de Bismarck apportait à ses desseins.

Il a su la bienveillance que Bismarck montrait à la République, croyant cette forme de gouvernement mauvaise pour la France. Sachant et cette bienveillance et sa cause, Gambetta l'a acceptée comme une chance et une facilité ; il l'a fait très consciemment. Très certainement aussi, il s'est flatté que Bismarck calculait mal, et que son calcul se retournerait contre lui.

En 1873, avant que les papiers d'Arnim eussent rendu publiques les dispositions du chancelier, alors qu'il en était averti par Mme Adam révoltée, Gambetta lui répondait :

Profitons des bonnes dispositions, d'où qu'elles viennent. La République, lorsque nous l'aurons en main, trouvera des alliances tout aussi bien qu'une Monarchie, quoi que pense Bismarck. En attendant, bénéficions, s'il se peut, de son goût pour la République [1].

Et dans la période du 16 Mai :

— Qui sait ? c'est peut-être lui qui nous donnera la République :

Mme Adam. — C'est qu'alors il serait certain qu'elle doit nous être fatale.

Gambetta. — Non, car il ne se doute pas de ce que serait une République comme nous pouvons la faire.

1. Mme Adam, VI, 15.

Jeu dangereux, dont il ne faut pas se lasser de dire que l'imprudence est coupable.

Il reste vrai que ce jeu pouvait se concilier, non seulement avec des pensées patriotes, dans un esprit qui se piquait d'être machiavélique. Gambetta précisément se vantait de savoir tromper, et il comparait même au chancelier la démagogie de Belleville, qu'il se flattait d'abuser pour son bien.

Je préfère attendre le tête-à-tête avec cet autre monstre, plus épais et plus difficile que celui de Varzin. Quel métier que le mien ! Il me faut, avant d'agir, gagner le droit de faire triompher la raison et la justice sous la livrée de la violence.

Il faut écarter les suspicions des uns, mater les calomnies ou les terreurs des autres, et les *tromper tous, pour les mieux servir* [1].

Bismarck était peut-être plus difficile à tromper qu'un électeur radical.

La fréquentation familière de Gambetta chez la Païva reste indéfendable. Son excuse : On ne fait de reconnaissance qu'en pays ennemi, c'est l'explication classique : *J'ai livré des documents pour en avoir d'autres*. Ce n'est pas le rôle d'un chef de faire du contre-espionnage, car ce qu'il livre prend par sa personnalité une valeur bien supérieure à tout ce qu'il peut surprendre.

D'ailleurs, Gambetta était aussi mal armé que possible par l'exubérance de son tempérament et son défaut de culture mondaine première pour se défendre

1. Gambetta à Léonie Léon, 26 oct. 1876 ; Laur, 158.

dans un milieu aussi élégant que corrompu. Le passionné maladroit qui un jour avait écrit sur son portrait donné à celle qu'on appelait dans le demi-monde la grande Th... :

« *A ma petite Reine que j'aime plus que la France* »[1], était un partenaire inégal à cette autre Thérèse, fille Lachmann, vicomtesse de Païva, comtesse de Donnersmarck.

M. Galli relève avec amertume le mot de Charles Maurras : « la comédie de la revanche ». Gambetta, qui se vantait de tromper pour servir, n'a pas à repousser le *comediante*.

Une chose est évidente, c'est son jeu double. Il a été l'homme de la guerre à outrance. Il reste pour toute une fraction de l'opinion alsacienne ou française l'homme de la revanche. C'est l'inscription même de la couronne déposée sur son cercueil par les élèves de Louis-le-Grand ; et l'inscription des Jardies fait dire aux provinces conquises : « Nos espérances restent attachées à sa mémoire comme elles étaient liées à sa vie. »

Et cependant Bismarck a *voulu* sa victoire et celle de son parti. Gambetta a accepté cette aide.

Le chancelier a fait dire à ses journaux, et Gambetta l'a fait répéter aux siens, que la victoire des candidats du Maréchal, c'était la guerre. Bien plus, Gambetta a trouvé moyen de persuader à la fois qu'il

1. Mme Adam, VII, 61. Ce fut Mme Adam qui racheta cette pièce compromettante.

était pacifique aux pacifistes, et revanchard aux tenants de la revanche.

Le 24 juin 1877, il a dit au banquet Hoche, à Versailles :

S'il y en a qui ont besoin de dire qu'ils ne veulent pas la guerre, nous, républicains, nous n'avons pas besoin de le dire, tout le monde le sait [1].

Depuis ce moment, pour la masse moutonnière et peureuse, pour la grande foule électorale à qui il serait injuste de reprocher de n'être pas héroïque et de n'aller pas au-devant des sacrifices, Gambetta et sa République, c'est la paix et par une conséquence forcée, c'est l'acceptation, c'est l'abandon de Metz et de Strasbourg, bercé de phrases creuses sur les revanches pacifiques du droit [2].

Et pour une élite, pour les annexés, pour Paul Déroulède, Gambetta reste le préparateur de la revanche. Ses adversaires même le croient, comme en témoigne une curieuse lettre de Brunetière :

Les électeurs de Gambetta, en votant pour lui, croiront voter pour la paix et voteront en réalité pour la guerre. Le fond de Gambetta, c'est l'idée de la revanche ; le fond de l'opinion qui votera pour Gambetta, c'est le désir peu patriotique si tu veux, mais très assuré de la paix. Tu peux de là mesurer l'écart et voir... quelle prodigieuse duperie [3].

1. Galli, 111.
2. Cf. Appendice IV.
3. *Revue du Bas-Poitou*, mai 1910, cf., Galli, 231.

Cette duperie est essentielle au gouvernement d'opinion ; à avouer un projet de guerre, on n'alarmerait pas seulement les timides et les lâches, on préviendrait l'ennemi. Gambetta eût-il voulu la revanche, il eût dû feindre de l'oublier ; mais il était fatal qu'une partie de l'opinion se prît à cette feinte, et ne soutînt plus l'effort nécessaire à la préparation de la victoire. Dans un gouvernement d'opinion, la collaboration de l'opinion est à la fois impossible et nécessaire aux desseins qui demandent tout ensemble l'enthousiasme et le secret.

Il est certain que le jeu de Gambetta a été double. Quel a été le vrai sens de sa politique ? Parmi ses amis les plus proches, Ranc qui l'en applaudissait, comme Mme Adam qui s'en indignait, ont dit : L'abandon de la Revanche. Il importe de bien poser la question. Si l'on entend parler des rêves, des aspirations, des désirs intimes de Gambetta, elle est proprement insoluble et oiseuse. Qu'il eût souhaité associer son nom à la gloire d'une reprise des provinces perdues, s'il l'avait pu par un acte de pure volonté, on n'en doute pas. Mais l'histoire ne demande pas aux hommes d'État : Tueriez-vous le mandarin ? elle ne les juge pas sur les souhaits qu'ils ont pu former, mais sur les desseins qu'ils ont arrêtés et au moins sur leur tentative.

Le roi Charles X projetait de rendre à la France la rive du Rhin. Il avait entrepris des négociations tendant à cet objet. La vérité indiscutable, c'est que personne n'a jusqu'à présent allégué une démarche, un plan, une négociation de Gambetta tendant à cette revanche qu'il incarne pour quelques-uns. Il a négocié avec Bismarck. On dispute sur la portée de ses négociations. Réduisons-les tant qu'on voudra : on ne voit pas l'ombre d'une ouverture qui ait été faite à aucune puissance susceptible de nous aider à reprendre l'Alsace, et qu'on puisse mettre même de loin en parallèle avec l'entente bismarckienne sur la politique anticléricale. Il n'est pas douteux que Gambetta croyait la revanche impossible avec nos seules forces, et qu'il n'a ébauché aucun projet d'alliance offensive. Ce grand réalisateur, habitué à sérier les questions, n'a donc jamais mis la revanche dans la série à réaliser.

Il était persuadé jusqu'à l'effroi, et nous n'incriminons pas ce pessimisme, de la supériorité des armées allemandes. Il écrivait à son amie, Mme Léonie Léon, le 21 décembre 1873 :

> Je compte bien que toi du moins, tu touches au terme de tes afflictions ; mais elle, la pauvre France, c'est avec un insupportable sentiment de terreur et d'angoisse que je vois s'avancer l'année nouvelle. Nous sommes mal conduits, mal dirigés, et aux prises avec ces redoutables et avides Allemands. Je tremble de voir recommencer l'année terrible, de retrouver le pouvoir, avec l'invasion sur les bras, une armée désorganisée, un pays plus abattu, une Europe plus servile que jamais [1].

1. Laur, 128 ; *Revue de Paris*, 1906, V, 450.

Son voyage d'études en Allemagne, en 1876, accroît ce pessimisme :

> Nous ne possédons malheureusement aucune force qu'on puisse mettre en parallèle avec les troupes que je viens de voir [1].

C'est l'état d'esprit du duc Decazes, déclarant, au moment de l'alerte de 1875, que nos troupes se replieraient au sud de la Loire pour donner à l'Europe le temps d'intervenir. Et cet état d'esprit restera jusqu'au bout celui de Gambetta.

En 1880, beaucoup croiront notre réorganisation militaire achevée. Après la remise des nouveaux drapeaux à la revue du 14 juillet, la soirée offerte par lui au Palais-Bourbon aux officiers généraux, Gambetta paraîtra y croire. Il n'en pensait rien. Le 8 octobre, il écrivait à Mme Léonie Léon :

> Si l'on évite la guerre au printemps, tout est sauvé, parce qu'en *1882, on sera prêt.*

En 1881, il inscrivait dans sa dernière profession de foi aux électeurs de Belleville la réduction du temps de service militaire. Il mourait avant la fin de 1882.

Gambetta ne doutait donc pas que, seules, des alliances pussent nous rendre l'avantage et la possibilité du succès.

Il n'essaya pas d'en nouer. Les seules alliances pos-

1. Mme Adam, VI, 391.

sibles, les seules que Bismarck, nous le savons aujourd'hui, redoutait, étaient celles de deux gouvernements contre-révolutionnaires, la catholique Autriche, l'absolutiste Russie. Cette grande *politique blanche*, qui était le cauchemar de Bismarck, Gambetta en avait horreur. Il s'imaginait sincèrement que le catholicisme sous les auspices duquel le chancelier tremblait de voir se nouer une coalition favorable à la France, et qui eût pu à l'occasion se grossir des particularistes allemands mal soumis à l'Empire, il s'imaginait que le catholicisme était l'épouvantail qui éloignait de nous les sympathies de l'Europe :

> On ne nous menace plus, on nous observe encore, on ne tardera pas à nous faire des coquetteries. Quand ? Juste au moment où nous aurons brisé le dernier obstacle qui nous sépare des sympathies de l'Europe ; quand nous aurons réduit la faction cléricale au silence d'abord, à l'impuissance ensuite. Ce sera l'œuvre du suffrage universel qui se prépare de tous côtés. Ce jour-là, on cessera de nous représenter comme l'épée du Vatican. Nous retrouverons l'amitié de l'Italie, la sympathie des peuples, que l'arrogance et l'avidité prussiennes commencent à fatiguer. Nous reprendrons notre véritable rôle dont Bismarck nous a en quelque sorte détournés, et nous pourrons compter même avec Berlin [1].

Au lieu de tenter les alliances immédiatement possibles, il en imagine avec des peuples à affranchir et des puissances à naître.

1. 5 octobre 1875, Mme Adam, VI, 278.

C'est ainsi, qu'après une conversation avec M. Ristich, le ministre serbe, il écrit sérieusement qu'après la constitution de la Slavie au sud, tous les espoirs nous redeviendront permis.

Eh bien ! je le déclare, c'est en mettant notre main dans la main slave du Bas Danube que nous préparerons la victoire sur la Babel germanique. Ils se préparent, ces vigoureux Serbes, à jouer le rôle des Piémontais d'Orient, et il faut leur livrer le Bas Danube. Eux aussi, ils mangeront l'artichaut feuille à feuille. Quand ils auront fait la Slavie du Sud, les Prussiens, ces Macédoniens du Nord, auront vécu comme dictateurs de l'Europe [1].

Quand ils auront fait la Slavie du Sud ! N'en doutons plus, Gambetta rêvait toujours la revanche, mais il la plaçait en cette année lointaine et imprécise que nous avons vu depuis lors M. Jaurès assigner comme date à l'édification de la cité collectiviste.

On conçoit qu'un espoir si ajourné ne l'ait pas détourné d'une entente avec Bismarck. Entente avantageuse à son parti, et qui garantissait à la France la sécurité immédiate. Un autre facteur l'inclinait à ce rapprochement.

Consciemment Gambetta se connaissait comme Français et préférait à l'occasion la France à l'Italie. Il s'indignait contre les séparatistes niçois, sauf à accepter un autre jour l'éventualité de la rétrocession. Mais il n'avait pas été seulement italianissime, comme toute la jeunesse avancée de son époque ; il était, de

1. 11 septembre 1874. Mme Adam, VI, 165

même que les Bonaparte, de sang italien, et comme eux resté plus italien qu'ils ne l'imaginaient les uns et les autres. Joseph Gambetta, son père, avait toujours gardé la nationalité sarde. Léon était le premier Français de sa famille, et, le jour de son conseil de revision, il écrivait à ce père, toujours légalement italien, à propos de la campagne de Garibaldi, à Naples :

Je t'assure, cher père, que malgré ma nouvelle qualité de Français électeur et bientôt éligible, je considère la lutte de ces braves gens comme une affaire de famille, une idée de race, une véritable société d'eux à moi [1].

Combien les morts parlaient en lui, c'est son cousin P.-B. Gheusi qui le précise :

Ce n'était point d'ailleurs le seul atavisme qui bouillonnait en lui au seuil de sa jeunesse studieuse .. L'âme populaire italienne lui soufflait confusément les ressentiments des républiques du XIVe siècle contre les milices régulières de la papauté [2].

Ceci est parfaitement net : le fils du Génois n'est pas seulement un anticlérical, c'est, au témoignage de ses proches, un gibelin, et, depuis Dante, contre la tiare et les lys de France, la *mala pianta*, le gibelin s'appuie d'instinct sur le César germanique. Avant même la crise du 16 Mai, Gambetta était décidé. Il est impossible de comprendre autrement la grande lettre révélatrice que Mme Adam publie dans le

1. 21 mai 1860, Gheusi, 152.
2. Gheusi, 29.

volume qu'elle intitule encore *Avant l'abandon de la Revanche*. Gambetta lui expose les deux politiques : celle de la réconciliation avec l'Allemagne et celle que nous avons appris à appeler l'encerclement de l'Allemagne [1].

J'estime que, pour échapper au danger qui nous menace, il y a deux ressources : ou trouver moyen de gagner l'Allemagne, ou de reconstituer le concert européen contre elle.

On pourrait gagner l'Allemagne en entrant en relation avec elle par des agents secrets capables de lui faire accepter des vues communes au point de vue de la lutte qu'elle a entreprise contre l'ultramontanisme et au point de vue des grands intérêts industriels et commerciaux. On pourrait, en s'appuyant sur l'Italie, lui offrir une base d'opérations autrement solide que l'alliance des trois empereurs, et lui donner, au nord et au sud de son empire, une liberté d'action qui peut servir ses desseins aussi bien contre la Russie que contre l'Autriche ; mais une pareille politique réclamerait beaucoup de dextérité et de décision, un sentiment nettement anticlérical, une force d'âme capable de lutter contre les souvenirs d'un passé bien douloureux et bien récent, et je ne vois ni les hommes ni les circonstances propices pour une pareille politique.

La première alliance qui s'offre à l'esprit, si l'on veut une coalition européenne contre Berlin, c'est Saint-Pétersbourg. Gambetta ne l'oublie pas.

La Russie elle-même, dont la bienveillante neutralité est la vraie force qui a permis à M. de Bismarck de poursuivre avec un insolent bonheur la carrière de ses succès, depuis Duppel jusqu'à

1. 27 janvier 1877, Mme Adam, VI, 437 sqq.

Paris, la Russie, dis-je, se trouve menacée dans ses provinces baltiques.

Elle s'est vue acculée à une retraite honteuse par suite des menées allemandes. Le ressentiment est flagrant chez les Russes ; il s'agit de l'exploiter.

Mais la légende serait-elle vraie d'après laquelle Gambetta serait le véritable auteur du « Vive la Pologne, Monsieur ! » dont Floquet accepta la paternité ? Il rejette aussitôt l'alliance russe, pour s'en tenir à la diversion d'une insurrection polonaise dirigée à la fois contre la Prusse et la Russie, ce qui assure à l'Allemagne l'alliance russe en ne mettant à l'actif de la coalition française que de pauvres bandes insurrectionnelles. Il pousse la déraison jusqu'à mettre comme condition à l'alliance autrichienne l'abandon par cette puissance de la Galicie.

Naguère, il s'était prononcé contre les séparatistes niçois. Il offrira à l'Italie une bande dans le golfe de Gènes, soit Nice, en langage clair. Il faut citer cet effarant grand dessein.

Après avoir exposé que la Belgique, la Hollande, le Danemark et la Suède sont menacés par l'Allemagne, il écrit :

Il ne serait pas difficile de jeter en Pologne depuis Memmel jusqu'à Lemberg, les ferments d'une grande insurrection en amenant l'Autriche à céder la Galicie au royaume de Pologne reconstitué, en lui donnant en compensation la Roumanie et les bouches du Danube.

Il faudrait entraîner l'Italie en lui rendant au besoin une bande de terre dans le golfe de Gènes pour ne pas nous quitter jusqu'à la reprise de Strasbourg et de Metz. On pourrait dès lors enserrer l'Allemagne dans un cercle de fer et de feu, et, quelle que soit sa vitalité militaire, elle ne pourrait tenir contre un si gigantesque effort, entrepris au nom de la sécurité commune et du rétablissement de l'équilibre européen.

On ne demanderait rien à l'égoïste Angleterre, que de protéger la neutralité belge ; mais il est probable que le réveil de la question polonaise suffirait à entraîner tous les partis de l'autre côté de la Manche ; [*jusqu'à Hyde Park pour un meeting !*]

Pour nous, nous n'aurions qu'à bien border nos nouvelles frontières d'une solide armée de 150 à 200 000 hommes, et cela fait, transporter tout ce que nous aurions de forces disponibles par la voie de mer sur les côtes de Prusse, le plus près possible de Berlin, de manière à prendre, comme Gustave-Adolphe, l'Allemagne à revers.

Mais quel moyen de réaliser un pareil plan ? Il faudrait l'arrêter avec l'Autriche où le parti national et militaire brûle de prendre une revanche, mais ne peut s'engager sans être assuré du concours énergique et efficace de la France.

Il y a là-bas un homme de tête capable de le concevoir et de l'exécuter : le prince Albrecht, le rival de Frédéric-Charles, l'ennemi de Bismarck. On renverserait Andrassy ; ce serait le signal de la lutte. L'armée autrichienne est admirable ; elle est bien commandée, bien outillée. Elle pourrait repasser les défilés de Bohême, aller chercher la revanche en Silésie. Simultanément, on débarquerait au nord, on attaquerait à l'est, on prendrait les Allemands par tous les bouts, sans compter les efforts des Polonais. Je crois que l'œuvre de M. de Bismarck s'écroulerait encore plus vite qu'elle n'a été élevée, et, cette fois, le droit primerait la force. On rétablirait l'Autriche dans sa vraie position germanique, on nous rendrait strictement notre bien. La Pologne serait reconstituée ; les petits États seraient garantis pour longtemps ; les neutres seraient garantis pour toujours, et une ère de paix et de civilisation pourrait s'ouvrir pour le monde.

Pas de doute : quand Gambetta paraissait délibérer entre le rapprochement avec l'Allemagne, humiliant mais facile et sûr, et ce rêve insensé, il avait déjà pris son parti. Des deux hommes qui étaient en lui, le vieil étudiant romantique se contentait du rêve ; l'homme d'État se sentait, « avec un sentiment nettement anticlérical », une force d'âme « capable de lutter contre le souvenir d'un passé bien douloureux et bien récent ».

La crise du 16 Mai précipita l'alliance. La dissolution est du 24 juin. Le 3 juillet, Gambetta se faisait présenter au prince de Hohenlohe par Thiers, qui était de longue date en rapports familiers avec l'ambassadeur, et pour cette première conversation il s'ouvrait à lui de ses projets anticléricaux, de la destruction des congrégations, de l'expulsion des Jésuites.

Hier, M. Thiers vint me trouver et me dit : Voulez-vous venir avec moi aujourd'hui pour causer avec Gambetta ? Il viendra à onze heures et demie. Naturellement, j'acceptais, et nous allâmes. Gambetta était déjà là quand j'entrai dans le beau cabinet de M. Thiers. Nous nous saluâmes et primes place, Thiers d'un côté, moi de l'autre et Gambetta en face de nous deux. Nous parlâmes de toutes sortes de choses : de la guerre de Turquie, de l'Angleterre, etc. Je profitai d'un silence pour l'interroger sur les perspectives des élections. Il affirma que, depuis 1789, il n'y avait pas eu d'élections aussi graves ; que la France était résolue à abattre les ennemis de la République, et y réussirait... Il dit des cléricaux qu'ils n'auraient pas d'appui en France, si la haute bourgeoisie n'était responsable de leurs progrès. Il est d'avis qu'il faut détruire les congrégations et expulser les Jésuites. Gambetta produit une bonne impression : il est poli et aimable, et en même temps on reconnaît chez lui l'homme d'État énergique et résolu [1].

On sait la suite : les menaces de la presse bismarckienne réimprimées et exploitées par les 363 et devenues leur meilleure arme électorale.

La publication des lettres intimes de Gambetta permet même d'établir qu'à un moment donné, il espéra une pression diplomatique ouverte en faveur de son parti :

Je ne doute pas que le sentiment de l'Europe ne soit en tout conforme au mien, et j'augure que d'ici quelques jours les cabinets diront ce qu'ils pensent des futures élections [2].

Sur le rôle de Henckel de Donnersmarck pendant la période électorale et après la victoire républicaine, la correspondance de Bismarck a révélé tout l'essentiel. Il ne faut pas dire : « Des conversations engagées, nous ne savons rien de précis que par un seul de ceux qui y prirent part, le plus suspect, le plus intéressé à grossir son rôle. Les deux autres, Gambetta et son ami M. Spuller, sont morts sans avoir rien dit. [3] »

Spuller s'était confié à Mme Adam ; elle nous rapporte son témoignage, et ces deux intimes de Gambetta

1. Hohenlohe, II, 403. Nous suivons la traduction de M. Jacques Bainville, *Bismarck et la France*, 56.

2. Gambetta à Léonie Léon, 9 septembre, *Revue de Paris*, 1907, VI, 690. Cette lettre accusatrice n'a pas été reproduite par M. Laur.

3. Galli, *op. cit.*

doutaient si peu de la portée des accords intervenus que Mme Adam intitule cette partie de ses souvenirs : *Après l'abandon de la Revanche* [1].

Mais le 18 octobre, je ne puis en oublier la date, Spuller m'arrive dans un état d'agitation extrême, avec des phrases comme celle-ci : « J'hésite à vous dire, je n'ai pas le courage de vous dévoiler les graves choses que je ne puis cependant confier qu'à vous seule...... »

Lui, Spuller, a dîné avec Gambetta chez la Païva !

Le Henckel a trouvé de bon goût, vers la fin du repas, de dire à ses invités, tous Français, d'un air dégagé : « Nous vous avons si joliment brossés en 1870 » !

Spuller s'est levé pour fuir l'odieuse maison. Gambetta, d'un regard et d'un geste, l'a forcé à se rasseoir.

— Oui, reprend Spuller, ce Henckel s'est vanté à Gambetta d'avoir fait répandre des bruits de menace de guerre par les journaux allemands, et par là d'avoir apporté l'appoint de M. de Bismarck au succès des élections.

C'est encore le même Henckel qui prétend avoir eu l'idée du projet de désarmement préconisé par Crispi, auquel Gambetta se serait, paraît-il, rallié après des échanges de vues avec Bismarck, par l'entremise d'Henckel !

Le sacrifice est consommé dans l'esprit de notre chef. La politique en lui domine le patriotisme à cette heure.

L' « opportunisme » a présidé à ces négociations. Gambetta veut à tout prix arracher la République des mains de nos adversaires, oui, à tout prix !

Et Bismarck croit avoir intérêt à nous donner la République, puisqu'il a par là la possibilité de désarmer la défense nationale. La politique des « résultats immédiats », la voilà ! Bismarck, je l'ai entendu de la bouche de Gambetta, veut la République en

1. Mme Adam, VII, 70.

France. Je sais que le chancelier de fer a brisé d'Arnim parce que celui-ci travaillait au retour de la Monarchie avec les gens du 24 mai. Bismarck est logique : il vient aux républicains anti-cléricaux qui feront, il n'en doute pas, la besogne qu'il a faite si mal avec son Kulturkampf. Et puis, il juge d'autre part que les républiques en ce siècle sont des gouvernements de paix extérieure et de luttes intérieures qui passionnent les partis et les neutralisent.

Spuller n'avait pas seulement parlé. Si l'on craignait que Mme Adam rapportât inexactement son témoignage, il suffit de noter qu'elle publie sa lettre confidentielle du 23 décembre 1877 [1] :

Je souffre en vous écrivant ce que vous souffrirez en me lisant, car alors même qu'on prévoit la suite logique des choses, on s'encourage cependant à en douter, si elles doivent nous être infiniment douloureuses. Or que pourrai-je vous confier qui vous affecte davantage que ce qui suit ?

Vous n'avez pu vous expliquer pourquoi le Maréchal s'était enfin décidé à rester, après avoir répété bien haut qu'il n'en pouvait plus, et, en restant, à prendre un ministère de gauche, — quand jusque-là il croyait « perdre la France en le faisant ». Il est resté parce qu'il a reçu de l'empereur d'Autriche une lettre qui lui en faisait un devoir, François Joseph ajoutant que la crainte d'être forcé lui-même de prendre part à la guerre d'Orient, et par suite de laisser à la Prusse la liberté de recommencer la lutte avec la France, obligeait le Maréchal à rester au pouvoir et à se mettre d'accord avec sa majorité parlementaire. Voilà, pour le Maréchal, l'explication que m'a donnée Gambetta, la tenant d'Henckel.

1. Mme Adam, VII, 112.

Henckel est, paraît-il, satisfait de la nomination de Waddington, d'un protestant, au poste des affaires étrangères, en remplacement de Decazes, « féru d'alliance russe » ; cela même aurait été inspiré par Bismarck !

Faut-il vous dire ce qu'Henckel a osé ajouter ?

— Il vous reste maintenant, mon cher Gambetta, à aller Varzin !

. . . .

Et Gambetta m'a dit qu'il a répondu :

— Pourquoi pas ?

Ah ! Madame, je le sais, vous avez des larmes dans les yeux et vous pouvez pleurer. Moi, il m'a fallu une force au delà de ce que je croyais possible, pour entendre de telles paroles d'une telle bouche.

Henckel a ajouté

— Ce n'est que dans une conversation que vous pourrez établir solidement les conditions du rétablissement d'un régime de confiance entre nos deux pays, sur la base d'une politique de la France et de l'Allemagne contre la Papauté.

Gambetta, en me le répétant, m'a regardé dans les yeux et m'a dit avec brusquerie :

— Tu as aujourd'hui une figure d'enterrement.

— C'est qu'aussi tu enterres quelque chose.

— En tous cas, pas la République.

A ce moment, Gambetta croit véritablement avoir obtenu de Bismarck un rapprochement pratique.

Le discours du chancelier du 19 février 1878 lui parut une avance décisive à la France. Il s'y félicitait particulièrement du *caractère antirusse* de la politique qui s'y affirmait, non dans l'espoir de profiter du mécontentement de la Russie, mais par hostilité persistante contre celle-ci. Le subit attachement de

Bismarck pour le traité de Paris lui semblait une victoire diplomatique pour nous

La France a joué un trop grand rôle dans le traité de 1856, disait la *République française*, pour que nous ne reconnaissions pas ces témoignages d'intérêt donnés à l'œuvre à laquelle elle a pris tant de part [1]

Et, dans ses lettres intimes, Gambetta laissait déborder son allégresse :

C'est bien ce que j'avais rêvé sans oser y compter... Voici que se lève maintenant dans cet homme l'aurore radieuse du droit [2].

Peu importe que Gambetta ait reculé au dernier moment devant l'entrevue personnelle ménagée par Henckel. Jusqu'à la fin il eut auprès de Bismarck un agent secret, M. Cheberry, représentant en vins français à Berlin et fournisseur du chancelier. Il subissait si bien sa puissance de suggestion que, s'il acheta les Jardies, ce fut sur le conseil de Bismarck, qui s'intéressait à sa santé et lui avait fait dire par M. Cheberry de s'assurer une maison de campagne pour se reposer. Quel commentaire du mot de Bismarck sur Gambetta capital à ménager [3] !

En fait, la France, outre la guerre religieuse inté-

1. *République française*, 22 février 1878.
2. A Léonie Léon, 20 février 1878. *Revue de Paris*, 1906, VI, 694. Cf. *infra*, p. 76, cette lettre dans la correspondance de Henckel, Bismarck et Gambetta.
3. Laur, 277.

rieure, fit le jeu de Bismarck au congrès de Berlin. Dans la politique inaugurée par le discours du 19 février, Gambetta avait vu l'aurore radieuse du droit! Bismarck s'assura par la compensation bosniaque la fidèle alliance de l'Autriche. Nous avions applaudi à l'humiliation de la Russie: il ne nous était donc pas permis d'exploiter son ressentiment contre l'Allemagne. Quant à l'entente avec l'Italie, Bismarck s'arrangea pour que l'occupation de Tunis à nous offerte à Berlin remplaçât avec avantage la pétition des évêques dans les rancunes de la Consulta.

Gambetta ne fut pas des promoteurs de l'expédition tunisienne, mais il s'en montra à la fin partisan. Or cette opération excellente en soi, de beaucoup la meilleure de nos entreprises coloniales, n'en était pas moins inconciliable avec un dessein prochain et sérieux de revanche.

On louera en Gambetta la justesse de certaines vues, sa politique égyptienne par exemple, beaucoup plus clairvoyante que celle de M. de Freycinet, mais un dessein précis qui corresponde à sa réputation de préparateur de la revanche, voilà ce qu'on ne trouve pas.

Quand il prit effectivement le pouvoir, ne songea-t-il pas cependant à s'illustrer par un plus digne emploi de cette autorité? Nous ne lui contesterons pas l'honneur d'un choix comme celui de Miribel; peut-être même après sa chute réagit-il assez contre ses préjugés pour accepter dans des entretiens avec

Skobeleff l'idée d'une alliance russe. Il donna son adhésion à la Ligue des Patriotes; il fit répéter des mots cocardiers[1]. Il laissa même échapper dans une lettre à sa maîtresse l'aveu d'une magnifique ambition. « Je vais pouvoir passer au deuxième programme : l'action extérieure, et, me tenant au-dessus et en dehors des partis, choisir mon heure, ma voie, mes moyens. »

Au-dessus et en dehors des partis : ceux qui crièrent à la dictature ne disaient pas assez ; Gambetta voulait le rôle d'un *roi ;* mais il ne dépend pas d'un chef de parti de s'affranchir jusqu'à la liberté royale. Seul, à vrai dire, le choix de Miribel, et si l'on veut celui de J.-J. Weiss, traduisirent en actes cette aspiration. Ce fut assez : le grand ministère ne vécut que 72 jours.

Et Gambetta était si bien l'homme des institutions même qui le brisaient qu'il ne trouva qu'une justification : renier cette ambition honorable. Il disait dans une sorte d'appel à la postérité : « Je ne regrette rien, n'ayant jamais agi que *dans l'intérêt supérieur de mon parti;* le jour de la justice viendra tôt ou tard. »

Ce sordide aveu, non seulement M. Gheusi le donne pour épigraphe à son *Gambetta*, mais M. Galli en fait la première ligne de la première page de son apologie.

Qu'une telle confession passe pour une défense, que même des patriotes citent en l'admirant une parole si

1. Galli, *op. cit.*, 240-242.

détestable, voilà le fruit du régime : une France dissociée tombe à admettre qu'on donne comme mesure de son service l'intérêt d'un parti.

Bismarck pouvait s'applaudir. Si quelqu'un eût risqué pareille excuse devant le Roi son maître, la Prusse incarnée en celui-ci n'y eût vu que la reconnaissance d'un abus de pouvoir ou d'une trahison.

PIÈCES JUSTIFICATIVES ET APPENDICES

I

LA CORRESPONDANCE SECRÈTE DE GAMBETTA ET BISMARCK

TRADUITE EN ENTIER, POUR LA PREMIÈRE FOIS, ET COMMENTÉE PAR JACQUES BAINVILLE

Bismarck, poète à sa manière, a déclaré un jour : « Il y a dans mon cœur des provinces entières dans lesquelles je ne laisserai jamais pénétrer personne. »

Qui expliquera par quelle imprudence ce grand silencieux a révélé le secret de l'appui qu'il apporta à la fondation de la République en France, le mystère si longtemps gardé de son entente avec Gambetta, — Gambetta, le pur des purs, le modèle des patriotes républicains ? Qui dira pourquoi le chancelier de fer n'a pas détruit les documents qui attestaient la part qu'il a prise à l'établissement du régime démocratique dans notre pays ? Je propose une hypothèse : c'est que ce grand connaisseur des institutions et des hommes jugeait au point de vue historique et politique le cas trop complet et trop beau pour anéantir les preuves, qu'il tenait entre ses mains, de la malfaisance essentielle, du caractère profondément antinational qui caractérisent le système républicain français.

Ces documents furent connus pour la première fois par le

volume de *Correspondance* qui fut publié en 1901, comme une annexe aux *Pensées et Souvenirs* de Bismarck. C'est une chose remarquable que l'étonnement et l'embarras où cette publication jeta les républicains. Que Gambetta eût négocié secrètement avec Bismarck, qu'il fût convenu avec lui d'une « politique commune », qu'il eût reçu de Berlin des directions politiques et des instructions, préparé même à l'insu de tous une entente sur la limitation des armements, qu'il eût presque consenti à une entrevue à Varzin, sorte de réplique de l'entrevue de Biarritz, — une entrevue également funeste aux intérêts français, — tous ces faits, devenus du jour au lendemain indiscutables et publics, jetèrent le vieux parti républicain dans la consternation. Le *Temps* avait essayé d'arranger et de bien présenter les choses. Il avait même pris les devants en publiant des textes soigneusement expurgés.

En vain le grand pontife a fait un lectisterne

Sur-le-champ, nous reportant aux textes, vérifiant les références du *Temps*, nous découvrions que le principal avait été omis, et que par un sacrifice prudent, opportun, mais inutile, l'organe du plus vieux parti républicain avait publié des passages délicats pour éviter de trahir les endroits compromettants. Nous donnâmes alors dans la *Gazette de France* (décembre 1901) une analyse complète de cette correspondance. Comme M. Henri Dutrait-Crozon a fait depuis pour l'affaire Dreyfus et l'*Histoire* (prétendue) de M. Joseph Reinach, nous nous efforçâmes de vérifier les références des trop bruyants amis de la Science, de la Lumière et de la Vérité. On dut reconnaître qu'ils avaient une fois de plus abusé de cette amitié pour mutiler les textes ou fabriquer des faux.

Depuis, par un grand coup d'audace, M. Jaurès s'est servi, à la tribune de la Chambre et dans son propre journal, l'*Humanité*, de la correspondance laissée par Bismarck, pour se défendre contre les républicains soi-disant patriotes et affirmer, devant le pays, que la politique internationaliste et humanitaire du parti socialiste pouvait revendiquer Gambetta pour père et pour initiateur.

Quel profit ne tireront pas de pareilles vérifications et de pareils aveux les adversaires intelligents et déterminés de ce régime ! On ne saurait, certes, trop utiliser les armes que Bismarck nous a laissées, dans son héritage, contre ses alliés les républicains. Avec ces documents c'est le faux-semblant patriotique, dont a si longtemps vécu le vieux parti républicain, qui est dissipé. C'est surtout la preuve établie que le parti républicain, même animé de bonnes intentions, n'a pu réussir qu'avec le secours ou l'inspiration de l'Étranger, et n'a pas été capable de se soustraire à l'influence étrangère, de gouverner en vue du seul bien public, du seul intérêt national.

Nous traduisons de nouveau, avec une scrupuleuse littéralité, ces pièces capitales de la correspondance de Bismarck.

La critique du système électif et républicain et les théories de politique nationale et monarchique, qui ont fait de si rapides progrès depuis quelques années, ne pouvaient pas trouver dans le passé de confirmation plus frappante. Or cette critique, ces théories, ont rencontré encore une fois dans les événements de ces jours derniers, — je parle de l'affaire marocaine et du départ incroyablement subit de M. Delcassé sur l'injonction allemande, — une vérification que les documents de la correspondance bismarckienne devaient faire considérer comme attendue et comme conforme à la nature des institutions républicaines.

Ainsi la correspondance que nous traduisons appartient moins à l'histoire qu'à la politique la plus actuelle. Ces documents sont vieux d'une génération humaine. Pourtant ils coïncident exactement avec tous les points de la situation présente.

Nous les publions ici comme le *ce qu'il fallait démontrer* le plus satisfaisant pour l'esprit que puissent comporter, dans le domaine des faits acquis, nos efforts pour restaurer une science politique, pour prouver qu'il faut à la France une Monarchie héréditaire, si l'on tient pour essentiel qu'une France subsiste, si l'on croit qu'une France peut encore prospérer et grandir.

I

Henckel informe Bismarck que Gambetta est à sa disposition.

LE COMTE GUIDO HENCKEL DE DONNERSMARCK AU PRINCE DE BISMARCK

Château de Pontchartrain (Seine-et-Oise),
le 17 octobre 1877.

Au cas où le renseignement pourrait être utile aux projets de Votre Excellence, je m'empresse de vous informer que mes relations avec Gambetta sont telles qu'il vient me rendre visite à la campagne où je réside en ce moment. Le loquacité du méridional donne, avec lui, plus d'occasion d'écouter que de parler soi-même. Du reste, Gambetta est le seul Français qui soit sûrement et exactement informé de ce qui se passe en Allemagne. Et il a acquis ces connaissances durant des séjours répétés dans notre pays au cours de ces dernières années, séjours pendant lesquels il a observé attentivement toutes choses. Et certes la plupart de ses interlocuteurs n'ont pas soupçonné à qui ils avaient affaire.

Si un homme qui sait se tenir dans la coulisse et qui vous est dévoué de toute son âme peut être dans cette circonstance de quelque utilité à Votre Excellence, croyez que je suis, comme toujours, entièrement à votre service.

A la fin du mois d'août, je suis allé demander à Radowitz de faire savoir à Votre Excellence que les élections françaises allaient certainement aboutir à une composition du Parlement semblable à celle de l'Assemblée Nationale en diminuant la majorité républicaine de vingt voix au moins. On contestait alors vivement que les élections pussent avoir un pareil résultat et deux éventualités seulement — succès des « préfets à poigne » ou bien renforcement de la majorité républicaine — étaient considérées comme possibles. Dans l'intervalle, les élections sont venues confirmer mes indications.

Je suis de Votre Excellence le respectueux et dévoué serviteur...

II

Bismarck accepte d'entrer en relation, trace le programme républicain et anticlérical et exige le rappel de Gontaut-Biron.

LE COMTE HERBERT DE BISMARCK AU COMTE HENCKEL DE DONNERSMARCK

Varzin, le 30 octobre 1877.

Mon père a reçu, il y a quelques jours, votre lettre du 17 courant, et il vous en remercie vivement. Il me prie de l'excuser auprès de vous de ne pas vous répondre à ce sujet de sa propre main et d'avoir recours à moi pour cet office. L'état de sa santé exige en ce moment des ménagements, et tout travail de ce genre affecte en ce moment ses nerfs d'une façon pénible.

Les relations que vous entretenez avec Gambetta sont du plus haut intérêt pour mon père. Mon père n'estime pourtant pas qu'il soit profitable ni prudent pour Gambetta lui-même de faire parvenir à celui-ci, même par votre intermédiaire, des communications ou des INSTRUCTIONS [1]. Si l'on venait à savoir en France, ou même seulement chez les Républicains, que Gambetta a la moindre relation avec le chancelier de l'empire allemand, il est plus que probable que le fait lui nuirait, non pas seulement auprès de ses compatriotes en général, mais aussi dans son propre parti. Et lui-même peut-être ne tarderait pas à trouver la situation incommode et pénible, si, après l'établissement de semblables rapports entre lui et le « Prussien Bismarck », il venait à s'apercevoir qu'à plus d'un égard il ne peut plus se soustraire à l'ascendant de ce dernier.

Les impressions que Gambetta a rapportées de ses

1. Le mot *ordre*, que nous avions employé dans une précédente traduction, a paru extraordinaire ou exagéré à quelques personnes. Il traduit pourtant exactement *Auftrage* dans le sens commercial. Dans un style un peu vieilli, *im Auftrage des Konigs* signifie : *de par le roi*. Ce n'est donc pas une expression faible. Ce terme peut se traduire encore par *missions, commissions*. Préfère-t-on « commission » ? Le mot *instructions*, plus diplomatique, montre encore assez sur quel ton impératif et dominateur Bismarck prétendait *s'entendre* avec Gambetta. (*Note du traducteur.*)

voyages en Allemagne, et d'après lesquelles il paraît s'être persuadé que le peuple allemand tout entier désire la paix, ont fort satisfait mon père. Il ne peut être qu'avantageux pour le développement et la prospérité des deux pays voisins qu'un homme politique aussi influent et aussi considérable que Gambetta se soit confirmé dans cette conviction et cherche à la faire partager à ses concitoyens. Comme vous le savez certainement, Monsieur le Comte, dans la pensée de mon père, la forme républicaine, telle qu'elle a pu se développer paisiblement jusqu'au 16 Mai, est la seule en France qui puisse rendre possible une tournure pacifique permanente des relations de ce pays avec l'Allemagne. En France et en Allemagne, comme dans tous les pays du monde, la masse du peuple aime la paix. Et, si l'on fait abstraction des Parisiens et des éléments jésuitiques, on peut affirmer hardiment que la nation française est aussi éloignée de l'idée d'entreprendre une nouvelle guerre que peut l'être la nation allemande. C'est pourquoi mon père ne croit pas que la haine nationale ou le besoin de revanche de nos voisins de l'ouest doivent seuls nous exposer à faire face, plus ou moins prochainement, à une attaque française. Il faudrait pour cela qu'un autre élément intervînt. Le danger serait qu'après un coup d'État heureux l'armée française, mise au service du Vatican, fût menée à une croisade contre l'Allemagne, soit par les détenteurs actuels du pouvoir, soit sous le règne d'un des Prétendants. Aucun de ceux-ci — au cas où un coup d'État aurait donné le trône à l'un ou à l'autre — ne se sentirait longtemps en sûreté contre les attaques des autres partis monarchiques et de tous les républicains. Une fois parvenu au pouvoir, n'importe lequel des prétendants, avant de renoncer à la partie, aimerait mieux essayer, par une diversion, de diriger vers le dehors la fermentation intérieure, et nous chercher querelle. Un gouvernement ultramontain, quelle que soit son étiquette, ne serait pas par lui-même capable de refuser de nous faire la guerre dès que les Jésuites jugeraient bon qu'elle nous fût faite. Les désirs et les dispositions d'un gouvernement pareil seraient non avenus, car il devrait obéir aux directions venues de Rome. Sous un régime clérical, l'armée française n'est pas autre chose que l'armée des *Soldats du Pape*, qui, sur un ordre, iront où les Jésuites les voudront mener [1].

Cela, nous l'avons vu déjà dans l'été de 1870. Empêcher le retour d'éventualités pareilles est une des fins que poursuit la politique de mon père, — autant que nous le pouvons sans nous mêler des affaires intérieures françaises. Mon père croit que ce but peut être atteint. Et il n'est nullement de ceux qui disent chez nous : « Puisqu'il faudra tôt ou tard refaire la guerre à la France, faisons-la tout de suite, pendant

1. On doit faire remarquer ici l'accord singulier de cette théorie de Bismarck et de la campagne menée par les républicains qui annonçaient aux électeurs que la victoire des conservateurs amènerait nécessairement la guerre. (*Note du traducteur.*)

que la France est encore faible et que nous sommes sûrs de la battre encore une fois. » C'est le raisonnement d'un certain parti militaire qui, s'il réussit à se faire écouter, n'a heureusement pas d'influence.

Mon père s'est toujours élevé contre cette manière d'envisager les choses. Il se peut sans doute que d'ici quelques années une nouvelle guerre avec la France devienne inévitable ; personne ne peut faire de prophéties et nul ne sait comment sera le monde de l'avenir. En tout cas, mon père est convaincu que cette guerre, même victorieuse, serait un malheur ; et aussi longtemps qu'elle ne sera pas vraiment inévitable, mon père n'y consentira pas. Ce serait un jeu trop dangereux de vouloir chasser le diable par Belzébuth. Entreprendre une guerre, là ne serait pas la difficulté ; c'est une autre affaire de savoir avec certitude comment elle finirait. La fortune des armes est changeante, et les militaires les plus clairvoyants se trompent parfois dans leurs combinaisons et leurs hypothèses. La Bulgarie en donne en ce moment l'exemple le plus frappant. *Nous n'avons pas besoin d'une guerre avec la France* ; *nous n'en voulons donc pas* [1] ; nous croyons aussi qu'elle n'éclatera pas nécessairement tant que le Pape ne régnera pas absolument

1. C'est ce qu'on disait exactement encore ces jours-ci en Allemagne (juillet 1905) : *Pourquoi vous ferions-nous la guerre ? Nous avons* ad nutum *tout ce que nous voulons sans cela et la République chasse ses ministres quand ils déplaisent à Berlin.* C'est le bon sens même ! (*Note du traducteur.*)

dans ce pays. Mais, si cette éventualité survenait, il ne faudrait plus avoir confiance dans une paix bien prolongée.

Je me suis efforcé, dans les lignes qui précèdent, de vous rendre le sens des remarques que m'a faites mon père. En me chargeant de vous les transmettre, il a ajouté que vous pourriez en faire l'usage qui vous plairait.

Agréez, etc...

III

Gambetta accepte le programme tracé par Bismarck et lui propose même une « politique commune ».

LE COMTE HENCKEL DE DONNERSMARCK
AU PRINCE DE BISMARCK

Neudeck, 23 décembre 1877.

... Avant-hier, Gambetta m'a fait faire une communication *par une occasion sûre*. Il m'a rappelé qu'au milieu de novembre je lui avais exprimé mon opinion personnelle sur ce point : que le chancelier ne croirait jamais à la sincérité du gouvernement français à l'égard de l'Allemagne aussi longtemps que sa politique extérieure serait dans des mains cléricales et *Gontaut ambassadeur à Berlin*. Gambetta m'avait alors répondu que, à la fin de l'année, ces difficultés n'existeraient plus. *Or le choix d'un protestant* (Waddington) *pour le ministère des affaires étrangères* et le remplacement de Gontaut par Saint-Vallier, *qui a été désigné par le prince de Hohenlohe comme une personnalité agréable et sympathique à l'Allemagne*, ces deux nominations survenues dans l'intervalle avaient manifesté du désir de la France d'entrer en bons rapports avec l'Allemagne. Gambetta demandait donc si, en échange, on ne pouvait espérer un témoignage de sympathie officielle à l'égard de la France, par exemple à propos de l'Exposition projetée, tout en maintenant la non-participation de l'Allemagne à cette Exposition. Gambetta ajoutait qu'une communication de cette nature serait présentement la très bien venue pour le ministère.

Je lui ai répondu aujourd'hui qu'il ne m'appartient pas de décider sur des questions pareilles, et qu'en tout cas *une attitude résolue contre Rome serait le plus sûr moyen d'arriver à un rapprochement ultérieur.*

A la fin du mois d'octobre, Votre Excellence a bien voulu me faire écrire par son fils que le fait d'entretenir des relations avec le « Prussien » Bismarck pourrait nuire à Gambetta dans l'opinion de ses compatriotes. A ce propos, je puis vous faire connaître que le prestige de Gambetta sur son parti est indiscuté et que le dictateur de Tours est resté l'autocrate des républicains. Si vous voulez bien m'y autoriser, je prendrai sur moi de vous envoyer Gambetta à Varzin, et, naturellement, selon que vous jugerez à propos, publiquement ou secrètement. Vous n'avez besoin que de faire un signe. Le « Père Joseph » du gouvernement actuel, l'homme sur qui repose la majorité parlementaire vous apportera, dans leur extension la plus large, l'empressement et le concours de la France, pour réaliser ce qu'il estime nécessaire à l'établissement de relations régulières et confiantes en Europe et à la solution de la crise industrielle et commerciale, — A SAVOIR UNE POLITIQUE COMMUNE DE L'ALLEMAGNE ET DE LA FRANCE CONTRE ROME, LE RÉTABLISSEMENT D'UN RÉGIME DE CONFIANCE ENTRE LES DEUX PAYS, UNE ENTENTE RÉCIPROQUE SUR LE BUDGET DE LA GUERRE.

Recevez, etc.

IV

Bismarck remercie l'intermédiaire et envoie son témoignage de satisfaction à Gambetta.

LE PRINCE DE BISMARCK AU COMTE HENCKEL DE DONNERSMARCK

Varzin, 28 décembre 1877.

Tous mes remerciements pour votre lettre du 23 courant, que j'ai lue avec beaucoup d'intérêt.

Le changement de l'ambassadeur de France à Berlin m'a causé une satisfaction extraordinaire. Si quelque chose était propre à encourager notre confiance dans les sentiments pacifiques de la France, c'était bien le rappel de Gontaut, qui s'était étroitement associé à toutes les aspirations hostiles à l'Empire allemand. Et s'il se pouvait trouver quelque moyen de témoigner notre satisfaction de ce rappel, cela répondrait tout à fait à mes désirs. Quant à reprendre la question de l'Exposition, le temps manquerait matériellement à nos exposants : il y faut donc renoncer. Mais j'espère que Gambetta n'en est pas moins complètement tranquillisé sur nos intentions. Il me serait très agréable d'entrer en rapports personnels avec lui. Mais pour l'instant une pareille rencontre effrayerait trop l'Empereur. Gontaut et d'autres influences ont beaucoup agi sur Sa Majesté que l'on a mise en méfiance contre la propagande républicaine. En outre, et dans l'intérêt de Gambetta lui-même, je crois qu'il agirait prématurément et à la légère s'il se compromettait avec moi. JE TIENS TROP A MÉNAGER SON AUTORITÉ POUR FAIRE RIEN QUI PUISSE L'ÉBRANLER. C'est une des rares natures autoritaires qui existent encore en France. Et, en considérant ses dispositions pacifiques ainsi que la force encore considérable des partis qui lui sont opposés, *je crois que pour le moment le capital qu'il représente doit être ménagé.* En tout cas, je vous suis très obligé d'avoir réussi de cette manière à établir avec lui des relations indirectes que je saurai entretenir et utiliser. Je vous remercie du bon souvenir que vous avez bien voulu garder de moi, et je vous prie de compter sur des sentiments réciproques de ma part.

C'est dans cet état des négociations avec Gambetta que Bismarck prononça le discours du 19 février (Cf. *supra*, p. 58) qui parut à Gambetta une avance si décisive, comme en témoignent les lettres de celui-ci à Mlle Léonie Léon :

20 février 1878.

CHÈRE AIMÉE ADORÉE,

Tu as pu lire, après cette délicieuse soirée dont je te remercie avec effusion, le discours du *Monstre*, que je suis arrivé à lire aussi avant de m'endormir. Je suis ravi, enchanté ; c'est bien ce que j'avais désiré, attendu, sans oser y compter. Nous y occupons, sous le voile de l'allusion, une place importante et distinguée. L'équilibre et la répartition des forces continentales y sont admirablement indiqués. Il faut en finir et le plus conformément qu'il sera possible aux prescriptions antérieures du droit des gens ; c'est en vérité plus que nous ne pouvions espérer de l'esprit fantasque et véhément de l'aventurier de génie qui avait fait l'Allemagne par le fer et le feu, et selon la terrible formule : la force prime le droit. Voici que se lève maintenant dans cet homme l'aurore radieuse du droit ; c'est à nous à présent de profiter des circonstances, des dispositions, des ambitions rivales, pour poser nettement nos plus légitimes revendications et fonder d'accord avec lui l'ordre nouveau.

Je suis donc au comble de mes vœux : la paix assurée pour plusieurs années, l'Exposition universelle mise hors de péril, les puissances en demeure de se rapprocher de la France si elles veulent agir, et même si elles veulent simplement délibérer et maintenir...

C'est la même lettre où il se félicite de l'élection de Léon XIII. Sa correspondante dut ne pas partager son enthousiasme, car il lui écrivait de nouveau le lendemain.

21 février 1878.

CHÈRE MIGNONNE AIMÉE,

Je persiste dans mes premières impressions sur le discours du *Monstre*, et ce soir je reviens à la charge pour bien mettre en lumière le caractère antirusse de sa politique, l'évocation toute nouvelle dans sa bouche du droit de l'Europe et les conséquences que nous en pourrons faire sortir au moment propice. Je ne peux d'ailleurs que te remercier, même du petit mouvement de déception qui s'est emparé de ton esprit à première lecture. Tu ne tenais pas un compte suffisant des opinions de l'empereur, des difficultés que lui créait l'alliance des trois empereurs, et de son désir immodéré, mais bien légitime, d'amener une prompte conclusion de la paix. Il ne faut pas accuser son égoïsme ou son embarras : l'un et l'autre sont dans la mesure et dans le rôle du personnage.

Il me suffit que deux fois il ait fait une allusion respectueuse à nos droits et même à nos sympathies. Pour ma part, je n'attendais pas plus, et je me serais même contenté à moins de frais, tant je sens qu'à sa place il m'eût paru bien téméraire de marquer aussi fermement mes dissentiments avec le vainqueur et mes appréhensions pour les neutres ! Je suis donc satisfait, et je regarde comme un gage sérieux de rapprochement et d'apaisement un langage aussi inattendu pour bien du monde dans un conflit d'ambitions et de craintes diverses. Je vais d'ailleurs en apprendre plus long. C... [heberry] arrive de Berlin et me fait demander s'il me plaît de dîner en tête à tête avec lui ; il m'annonce une relation des plus intéressantes. Je lui réponds, grâce à la licence que tu m'en donnes, que demain soir vendredi je serai à ses ordres...

L'enthousiasme apporté par Gambetta dans ses illusions donna lieu à un second projet d'entrevue ; nous n'avons que les lettres et dépêches du mois d'avril.

V

Une entrevue ayant été secrètement décidée, Gambetta recule, par crainte de se compromettre.

LE COMTE HENCKEL DE DONNERSMARCK
AU PRINCE DE BISMARCK

(Télégramme envoyé de Paris le 12 avril 1878, à 2 h. 20 minutes après midi, parvenu à Berlin le même jour à 2 h. 50.)

Prince Bismarck

Berlin.

Primeurs demandées pour le moment introuvables,

malgré recherches minutieuses. Envoi ne pourra arriver avant huitaine. — Détails partent ce soir.

HENCKEL.

VI

Où Henckel explique le précédent télégramme et où l'on apprend l'existence d'un autre intermédiaire mystérieux

LE COMTE HENCKEL DE DONNERSMARCK AU PRINCE DE BISMARCK

Paris, 25, avenue des Champs-Élysées, le 12 avril 1878.

J'ai l'honneur de compléter par les détails suivants le télégramme que je viens d'envoyer à Votre Excellence en vue des vacances du Reichstag qui doivent commencer demain.

Le sixième soir de mon arrivée ici, j'ai envoyé quelqu'un auprès de la *personne dont il s'agit.* Mais on me rapporta pour réponse que Gambetta, à la suite de la mort de sa tante, était parti pour Nice, qu'il resterait absent au moins jusqu'à la fin de la semaine, et que personne ne connaissait son adresse.

Le lendemain (dimanche), je demandai à *l'un de ses plus intimes amis, celui qui me l'avait amené autrefois,* de me faire savoir à quel endroit on pourrait lui adresser des lettres ou des dépêches, ou bien, au cas où sa résidence devait rester inconnue, s'il n'y avait pas moyen de communiquer avec lui. Renseignements pris auprès de ses amis, il fut établi que nul ne savait où se trouvait Gambetta. En tout cas, il n'est pas à Nice, et l'on suppose qu'il est allé se reposer quelque part loin des indiscrets.

Dès que Gambetta sera de retour, je conviendrai avec lui du nécessaire et vous donnerai immédiatement communication du jour de l'arrivée à Berlin.

Je suis de Votre Excellence, etc.

VII

Bismarck ne dissimule pas son vif désir de reprendre les négociations pour une autre entrevue.

BISMARCK AU COMTE HENCKEL DE DONNERSMARCK

Je vous remercie bien vivement de vos communications, et je serai très heureux de pouvoir donner une suite à nos entretiens. Sans mes rhumatismes je serais déjà à Friedrichsruhe, où je me rendrai dès que je serai en état de faire le voyage, à moins que le roi de Suède ne m'oblige à passer un jour à Berlin, le vingt courant je suppose. Le voyage ne dure que quatre heures. Aussi, dès que vous le désirerez, je monterai dans le train de Berlin et je puis être rentré chez moi le soir même.

Votre dévoué, etc.

VIII

Le revenez-y de Gambetta.

GAMBETTA AU COMTE HENCKEL DE DONNERSMARCK

Paris, 22 avril 1878.

MON CHER COMTE,

Je suis bien confus d'avoir pu vous causer l'embarras de m'écrire le 6 avril sans pouvoir recevoir de réponse. Je vous prie de m'excuser; la perte douloureuse qui m'avait atteint m'a tenu éloigné de Paris pendant trois semaines sans communication avec personne. Je désire vous voir demain entre 1 heure et 2 h. de l'après-midi, soit 1 h. 1/2, pour vous faire agréer mes regrets et causer avec vous comme vous le désirez.

Croyez à mes meilleurs sentiments.

L. GAMBETTA.

IX

Un télégramme d'une brève éloquence.

LE COMTE HENCKEL DE DONNERSMARCK A BISMARCK

Paris, 23 avril 1878.
Prince Bismarck, Friedrichsruhe
Lauenbourg.

Envoi part dimanche, arrive Berlin lundi soir, sera mardi à votre disposition, détails suivent.

HENCKEL.

X

Il matrimonio segreto.

LE COMTE HENCKEL DE DONNERSMARCK A BISMARCK

Paris, même jour.

Excellence,

J'ai eu l'honneur et le plaisir de recevoir votre lettre du 14 avril. Gambetta, rentré à Paris d'hier, me quitte à l'instant, et je viens d'envoyer le télégramme suivant à Friedrichsruhe. (*Suit le texte du télégramme qui précède.*)

La tante de Gambetta, qui avait fait les frais de son éducation à force de privations et à qui il portait une profonde affection, est morte subitement. Cette mort l'a affecté si vivement qu'il a tenu à s'isoler complètement pendant quelques semaines. Il est prêt à se rendre à Berlin à la date qui conviendra le mieux à Votre Excellence. Il désirerait seulement ne pas rester absent trop longtemps après la rentrée du Parlement. Pour vous éviter un voyage inutile de Friedrichsruhe à Berlin avec retour, j'ai cru bien faire en fixant notre départ de Paris à dimanche soir, en sorte que nous arriverons à Berlin le lundi soir 29. Le 30, qui est le jour où reprendront les séances du Reichstag, Gambetta se tiendra à votre disposition et j'attendrai que vous me fassiez savoir — à l'Hôtel Impérial — l'heure qui vous agréera.

Il va sans dire que nous gardons ici un secret absolu sur ce voyage

Je suis, etc.

XI

La suprême habileté génoise.

[Tout était donc convenu, arrêté, lorsque Gambetta, s'apercevant sans doute du danger de sa démarche, craignant de se compromettre devant le pays, de se discréditer irréparablement, crut devoir se dégager. C'est une singulière preuve de son habileté et de son flair qu'il a donnée là. Par tant de sens pratique, par une vue si claire de son intérêt immédiat, Gambetta, dans cette circonstance, s'est révélé plus que jamais Génois. Voici ce billet qui fait moins honneur à sa bonne foi qu'à sa prudence.]

GAMBETTA AU COMTE HENCKEL DE DONNERSMARCK

Paris, ce 28 avril 1878.

Cher Monsieur de Henckel,

L'homme propose... le Parlement dispose. Quand j'ai accepté hier avec empressement, je n'avais pas compté avec l'imprévu qui nous tient tous en échec.

Les questions relatives au ministère de la guerre ont pris les proportions les plus considérables. On me prévient qu'un grand débat sera ouvert sur le ministère de la guerre dès la réunion des Chambres.

Je ne peux abandonner mon poste parlementaire

en un pareil moment et laisser derrière moi un incident aussi gros de conséquences.

Je me trouve donc dans la dure nécessité d'ajourner tout au moins après la session, qui sera probablement très courte, l'exécution d'un projet à la réalisation duquel vous avez prêté un concours si efficace et si sympathique. J'en conserve un vif sentiment de reconnaissance et après la séparation des Chambres vous me permettrez, s'il est toujours temps, de faire appel à votre intervention.

Veuillez agréer, avec tous mes regrets, l'assurance de mes sentiments dévoués.

L. GAMBETTA [1].

1. L'*Humanité* du 11 novembre 1904 a publié le témoignage suivant de M. Caze, qui fut sous-secrétaire d'État à l'Agriculture dans le grand ministère :

« Un jour — c'était le 28 avril 1878 — Gambetta m'avait invité à l'accompagner dans une promenade au Bois.

« Lorsque la voiture fut engagée dans une allée déserte, Gambetta, comme s'il eût attendu le calme de cet isolement, interrompit brusquement le cours familier de sa causerie et me dit : « Supposez que nous soyons en Conseil des ministres. J'invite mes collègues à délibérer sur la question suivante : On me propose une entrevue avec Bismarck. Dois-je m'y prêter ? Votre avis »

« Je restai un instant muet sous le saisissement que me causa cette confidence.

« Muet aussi Gambetta, attendant ma réponse et ne laissant rien percer de sa pensée.

« Après m'être interrogé dans les profondeurs de ma conscience, je lui répondis que cette entrevue me paraissait de nature à entamer son ascendant sur les Alsaciens-Lorrains et sur la cons-

[Ici, il y a un trou dans la correspondance posthume de Bismarck. Et les éditeurs n'ont trouvé (ou n'ont publié) que ce brouillon de télégramme sans signature, mais qui porte la griffe du chancelier de fer. Comme une coquette qui ne veut pas subir l'affront de se voir refuser un rendez-vous, Bismarck prétexte une indisposition qui l'empêche de venir à Berlin et de recevoir Gambetta. Tout porte à croire d'ailleurs que ce télégramme est simplement un faux, une répétition, en plus vulgaire, de la dépêche d'Ems.]

XII

Conclusion.

TÉLÉGRAMME AU COMTE HENCKEL DE DONNERSMARCK

Berlin, 24 avril 1878.

Le destinataire de votre télégramme d'hier, étant souffrant, vous fait savoir que sur l'avis des médecins, il ne pourra retourner à Berlin que dans dix ou quinze jours.

cience populaire ; et je lui exprimai la crainte qu'en s'y prêtant il ne risquât d'ébranler le moral de l'armée. Mon avis était donc pour la négative.

— « C'est aussi le mien, me dit Gambetta, je n'irai pas. »

« Sans ajouter un mot, il donna l'ordre à son cocher de retourner.

« Nous rentrâmes aux bureaux de la *République française*, où Gambetta avait alors son cabinet.

« Il écrivit devant moi, à l'adresse de M. le comte Henckel de Donnersmarck, une lettre où il s'excusait de ne pouvoir accepter son invitation. Et il me chargea de mettre cette lettre à la poste, ce que je fis moi-même aussitôt. »

XIII

Prussiens et Gambettistes : Joseph Reinach serait-il le médium ?

[Tel est le dernier document publié au paragraphe 309 de cette Correspondance sous la rubrique « Gambetta-Bismarck ». Pour être complets, nous traduirons encore la note qui ferme ce chapitre. Elle contient un détail qui a son prix :]

Aucune rencontre du prince de Bismarck et de Gambetta n'eut lieu après ces faits ; aucune autre ne fut non plus organisée depuis. Plus tard, cependant, à ce qu'a raconté un de ses intimes, Gambetta, en l'absence de Bismarck, se rendit incognito et en touriste à Friedrichsruhe et se fit montrer l'intérieur de la maison.

C'est l'occasion de déclarer ici que la version accréditée par le *Figaro* de juillet 1901 d'une visite du comte Henckel de Donnersmarck à la rédaction de la *République française* à propos de l'affaire Schnœbelé en 1887 est controuvée. Le comte (aujourd'hui prince) de Donnersmarck n'est jamais entré dans les bureaux de ce journal. Il n'a jamais déclaré à personne qu'il était à Paris sur l'ordre du prince de Bismarck. Le prince de Donnersmarck a seulement à plusieurs reprises répondu à un visiteur, appartenant au parti gambettiste, *dans lequel le prince comptait de bons amis*, et qui lui demandait s'il jugeait l'affaire grave ou même dangereuse, qu'il ne la connaissait que par les journaux, mais que sa conviction était qu'elle n'aurait aucune suite et qu'elle serait résolue pacifiquement à brève échéance. C'est à quoi s'est borné le rôle du prince de Donnersmarck dans cette circonstance.

[Cette note, épinglée aux papiers posthumes de Bismarck, émane évidemment de l'intéressé. Henckel a saisi cette occasion de montrer dans quels termes il se trouvait avec « le parti gambettiste ». Il n'est pas négligeable de connaître qu'il y comptait de si *bons amis*. Sera-t-il possible de savoir au juste à qui il donnait ce nom ? Et serait-il très téméraire de supposer que M. Joseph Reinach devait figurer au premier rang de ces amis-là ? C'est une hypothèse, mais elle devient plausible principalement lorsqu'on réfléchit qu'il y a une génération à peine que la tribu Reinach a franchi le Rhin et s'est acclimatée chez nous.

En tout cas, la note du prince de Donnersmarck résume l'enseignement de cette correspondance, de cette entente secrète de Gambetta avec Bismarck, entente honteusement désavouée à la dernière heure, désavouée par prudence, par peur, non point par patriotisme ni par fierté.

Nous savons aujourd'hui, à n'en plus douter, que le tribun, ses amis, tout le parti gambettiste, en un mot tout le vieux parti républicain, fondateur de ce régime, après s'être grimé en parti de la revanche, du patriotisme oratoire et de la guerre à outrance, entretenait des intelligences avec l'ennemi, accordait son amitié à un agent de Bismarck, recevait de Berlin son programme démocratique et anticlérical et des instructions politiques.

C'est ainsi, comme dit la « Déclaration » des ligueurs de l'*Action française*, que « la République en France est le règne de l'étranger ».

II

UNE PAROLE DE L'EMPEREUR FRÉDÉRIC III

[Au témoignage écrit de Bismarck, qui ne pourrait être attaqué que par une procédure de faux, il peut être intéressant d'adjoindre, quoique en seconde ligne, ces paroles de l'Empereur Frédéric III. On les trouvera dans les *Souvenirs du baron de Plancy, ancien député de l'Aude, ex-premier écuyer du Prince Jérôme Napoléon.* Ces *Souvenirs* ont été publiés à la librairie Ollendorff en 1892.]

Républicain, certes le prince Napoléon l'était, et, comme, après un dîner au château de Monza (chez son beau-frère le roi Humbert) il l'exprimait énergiquement au prince impérial d'Allemagne, depuis Frédéric III, celui-ci lui ayant demandé la permission de parler librement, lui dit ces paroles, *que j'engage chacun à méditer* :

— « Monseigneur, en France, la République selon moi n'a pas de raison d'être, et, si vous l'avez, c'est que nous vous l'avons donnée... pour votre malheur! S'il eût dû en être autrement, croyez-vous que les grandes puissances vous l'eussent laissée ? »

Je tiens du Prince lui-même ce récit de franchise impériale.

[Nous le répétons, ce témoignage ne porte pas les caractères d'authenticité qu'offre celui de Bismarck. C'est, tout au moins, pourtant, une contre épreuve qui a son prix.]

III

L'EMPIRE ET LA RÉPUBLIQUE SONT ÉGALEMENT CHERS A BISMARCK

Il y a dans les collections de l'*Action française*, dans les volumes de l'*Enquête sur la Monarchie*, plus d'une page où il est démontré que l'Empire, le régime césarien et plébiscitaire, qui a les mêmes origines que la République, et qui repose comme elle sur l'élection, est malfaisant à un égal degré.

Bismarck, grand politique rendu doublement clairvoyant par sa haine de la France, savait bien cela, puisque après la guerre, tandis qu'il était bien décidé à empêcher la Monarchie, il montrait autant de goût pour l'Empire que pour la République. C'est encore une vérification que nous apporte l'histoire. A la fin de l'année 1902 paraissait à Iéna une nouvelle histoire de la fondation de l'empire allemand [1], complétant celle de Sybel, et appuyée sur « les documents et les communications des princes et hommes d'État contemporains ». L'auteur, Docteur Ottokar Lorenz, a écrit son ouvrage d'après des pièces encore inédites ou inconnues, qui sont les carnets du duc de Cobourg, la correspondance du duc de Meiningen, les archives diplomatiques du grand-duché de Bade et enfin un important « journal » tenu à Versailles par le grand-duc Charles Alexandre de Weimar pendant les instants décisifs de la fondation de l'Empire.

M. Jacques Bainville a publié, dans la *Gazette de France* du 21 mars 1903, une analyse de cet important ouvrage. Nous en détachons le passage suivant qui a trait aux négociations de Bismarck avec l'empereur déchu, après Sedan :

Bismarck et l'Impératrice Eugénie. — Après Sedan, après

1. *Kaiser Wilhelm und die Begründung des deutschen Reiches*, von Doctor Ottokar Lorenz. Iéna. Verlag von Gustav Fischer.

le 4 septembre, Bismarck continuait de négocier avec Napoléon III, qui représentait encore à ses yeux le véritable pouvoir établi en France. Effroyable anarchie ! Nous avons un gouvernement de la « défense nationale » qui agit, ou plutôt qui s'agite, et c'est à peine si l'ennemi le prend en considération. Étonnons-nous encore que la diplomatie, tout au long de ces événements, ne nous ait pas mieux réussi que les armes !

... Le siège de Paris allait finir : Moltke, et le parti militaire avec lui, voulait, sitôt les forces qu'immobilisait la capitale rendues à l'activité, continuer une guerre d'extermination. Bismarck, qui avait le souci de ne pas mécontenter l'Europe et de rassurer l'opinion allemande — bourgeoise et peu favorable aux folies guerrières — désirait négocier la paix. « Tout est prêt pour la préparer », déclara-t-il un jour au Roi. Et il raconta que, par l'entremise de Clément Duvernois, il était entré en pourparlers avec l'impératrice Eugénie. Celle-ci se déclarait prête à la paix si les Allemands « la reconnaissaient pour régente et lui donnaient la possibilité de se faire reconnaître pour telle en France ». Napoléon III avait consenti à cet arrangement. Bismarck se hâtait d'ailleurs d'ajouter que son intention n'était nullement d'imposer une forme de gouvernement à la France, mais de traiter avec le seul gouvernement qu'il connût selon les usages diplomatiques. A l'impératrice de se faire plébisciter ensuite si elle le pouvait.

Keudell, dans ses lettres au grand-duc de Bade dépouillées par le docteur Lorenz, parle à tout instant des entrevues de Clément Duvernois et de Bismarck. Il note que le chancelier « a gardé certaines sympathies pour Napoléon III et qu'il voudrait de préférence avoir affaire à lui ». Cela se conçoit sans peine. Bismarck ne se voyait pas sans chagrin privé du meilleur auxiliaire qu'il eût pu trouver pour sa politique. Certes, il pouvait « garder certaines sympathies » pour l'homme qui avait donné dans tous ses pièges et servi toutes ses ambitions. En notant froidement ce trait de haute comédie, notre grave historien germanique collabore excellemment avec Molière et avec Labiche.

Le « pacte » dont parlait le citateur de cette curieuse lettre de Marx rapportée l'autre jour par le *Rappel*[1] était donc « conclu ». Il avait même reçu un commencement d'exécution. Le rédacteur du *Rappel* ajoute qu'on « ignore par suite de quelles circonstances il n'a pas été exécuté ». Lorenz ne résout pas expressément le problème. Mais les faits qu'il apporte, les rapprochements qu'il note, suggèrent une hypothèse infiniment probable. La voici :

Les pourparlers avec Clément Duvernois continuent jusque vers la fin de janvier. Depuis le début de la guerre, Bismarck ne cessait donc de se tenir en rapports avec l'empereur déchu. Au contraire, dit Lorenz, « malgré toutes les suppositions qui ont été faites au sujet de l'entrevue de Bismarck et de Jules Favre (le 19 septembre 1870), il est extrêmement peu vraisemblable que le chancelier ait eu l'intention de traiter avec le gouvernement de Paris.

Mais, le 23 janvier, Jules Favre demande une entrevue au

1. Le *Rappel* avait publié la communication suivante venue de Berlin :

« A l'occasion de l'anniversaire de Karl Marx, le *Vorwaerts* communique une lettre inédite de l'ancien chef de l'Internationale. Elle est adressée à M. Beesly, professeur d'histoire à l'University College de Londres, datée du 16 septembre 1870.

« Les prédictions les plus pessimistes des deux manifestes de l'Internationale, écrit Karl Marx, se sont accomplies. La Prusse, qui avait déclaré faire la guerre à Bonaparte et non pas au peuple français, fait maintenant la guerre au peuple français et la paix avec Bonaparte. Elle a manifesté son intention de faire rentrer Bonaparte ou sa famille aux Tuileries.

« Le fameux *Times* fait semblant de n'y pas croire. Il sait ou devrait savoir que cette intention a été ouvertement manifestée dans le *Staatsanzeiger* (journal officiel). »

— Marx fait ici allusion aux socialistes Bracke et Bonhorts, chancelier afin de négocier la capitulation de Paris et de préparer la conclusion de la paix. A partir de ce moment, Bismarck va pouvoir connaître de près et à leur valeur les hommes d'État républicains. Il ne tarde pas à discerner que l'institution démocratique, dont ils procèdent, en fait pour lui des alliés aussi précieux qu'un Napoléon. A quoi bon se mêler d'une restauration impérialiste quand il a devant lui des hommes qui vont également bien servir son intérêt? Bismarck, à partir de ce jour-là, est républicain en France. Il est, d'ores et déjà, partisan du Gambetta avec qui il conclura plus tard l'entente qu'a révélée sa correspondance. Guidé avant tout par son intérêt, il abandonne cet excellent Bonaparte lorsqu'il lui trouve des successeurs d'une égale bienfaisance pour la grandeur prussienne.

L'anecdote d'après laquelle Clément Duvernois, s'étant fait annoncer chez Bismarck quelques instants après que l'armistice avait été convenu avec Jules Favre, reçut pour réponse : « Vingt minutes trop tard », cette anecdote est pleine de sens. A partir de ce moment, Bismarck est assuré de posséder des alliés nouveaux. L'Empire lui est inutile, puisqu'il a la République. Clément Duvernois, qui lui avait en outre servi à la façon d'un spectre de Banco impérialiste dans ses négociations avec Jules

---

qui avaient protesté contre la continuation de la guerre, ajoute le correspondant du *Rappel* qui continue en ces termes :

« Le grand théoricien du socialisme allemand était très bien renseigné en ce qui concerne le plan d'une restauration des Bonapartes par les baïonnettes prussiennes.

« L'ancien secrétaire de l'impératrice Augusta, qui était attaché au service personnel de Napoléon à Wilhelmshœhe, le lendemain de Sedan, raconte dans ses mémoires que les officiers français de l'entourage de l'homme de Sedan disaient ouvertement : « Les Allemands vont écraser ces canailles de républicains et nous ramener aux Tuileries. »

« Le pacte était conclu, mais on ignore par suite de quelles circonstances il n'a pas été exécuté. »

Favre, est définitivement congédié. Les pauvres espérances de Wilhelmshœhe se résolvent en fumée. Mais M. de Bismarck va refaire avec la République démocratique le jeu qu'il projetait d'appuyer sur l'Empire.

Voilà comment, pour répondre à la question posée par Marx, il se fait que le pacte conclu n'ait pas été exécuté.

IV

LA SOLUTION PACIFISTE DE LA QUESTION D'ALSACE-LORRAINE

M. Galli défend très vivement Gambetta d'avoir jamais accepté pour son compte la chimère d'une rétrocession pacifique de l'Alsace-Lorraine. M. Lalance, un des Alsaciens qui sont restés attachés à ce rêve, affirme au contraire que Gambetta y était acquis :

« Gambetta, Monsieur, mais il était tout acquis à la thèse que je défends ! A partir de 1878-79, il avait complètement renoncé à la guerre de revanche, et je me souviens qu'un jour il me dit : « Les Allemands, nous les vaincrons, certes, mais nous les vaincrons par la paix ! »

Si ce qui suit est exact, il faut le rapporter à un projet d'entrevue différent de ceux que la *Correspondance* nous fait connaître en décembre 1877 et avril 1878. Nous verrons au dossier le témoignage de M. Lalance tel que M. André Morizet le rapporte dans l'*Humanité* du 10 avril 1913 :

« L'affaire de Varzin, Monsieur ! Vous en avez entendu parler, sans doute ? L'entrevue qu'en sa maison de campagne Bismarck devait avoir avec Gambetta... La chose a échoué par une mauvaise chance. Gambetta était parti du château des Crêtes, près de Montreux, pour se rendre à Varzin. A Leipzig, il s'arrêta, apprenant que Bismarck était malade. Il sut, à son retour de Paris, par l'ambassadeur d'Allemagne, que la note qui l'avait trompé émanait du gouvernement impérial, soucieux de ménager aux deux négociateurs un tête-à-tête ininterrompu. »

M. Lalance y ajoute l'allégation — c'est la première fois qu'on la produit — d'une négociation de Gambetta tendant à la rétrocession de l'Alsace. Il est inutile de faire remarquer l'extrême invraisemblance des faits tels qu'ils sonts présentés : Gambetta négociant sans avoir le pouvoir officiel, l'Autriche et la Russie faisant par avance pour nous une *pression* qui les eût brouillées avec la Prusse, et pour couronner le tout une interpellation parlementaire faisant *marcher* les grandes puissances.

« Ah ! si je pouvais tout raconter ! Si je pouvais vous faire connaître dans ses détails l'histoire de ces négociations que Gambetta, président de la Chambre, avait personnellement engagées avec l'Autriche et la Russie pour qu'elles fassent pression sur l'Allemagne, de cette interpellation qu'Antonin Proust devait développer à la Chambre pour provoquer une manifestation en faveur de l'Alsace, afin de précipiter l'action des deux grandes puissances engagées...

« Patience ! patience ! Tout cela, un jour, sera dit. L'important, voyez-vous, c'est qu'on sache que la solution, la vraie solution, elle est là : dans l'entente franco-allemande, basée sur un marché, -- il ne faut pas avoir peur des mots, — sur un marché qui nous rendra à notre patrie. »

Entre le Rhin et les Vosges, l'espoir d'une rétrocession pacifique peut être une forme de l'irrédentisme qui soit en règle avec les articles du Code pénal allemand.

En France, ce ne peut être qu'un narcotique pour les patriotes ; ou plus simplement, comme J.-J. Weiss le disait de la République conservatrice, « une sottise ».

TABLE DES MATIÈRES

Poitiers. — Société française d'Imprimerie.

www.ingramcontent.com/pod-product-compliance
Ingram Content Group UK Ltd.
Pitfield, Milton Keynes, MK11 3LW, UK
UKHW020324250726
13967UKWH00004B/1843